U0717099

中华先贤人物故事汇

郑和

林遥 著

中华书局

图书在版编目（CIP）数据

郑和/林遥著. —北京：中华书局，2019.2（2019.7 重印）
（中华先贤人物故事汇）
ISBN 978 - 7 - 101 - 13664 - 7

Ⅰ. 郑… Ⅱ. 林… Ⅲ. 郑和（1371~1435）–生平事迹
Ⅳ. K825.89

中国版本图书馆 CIP 数据核字（2018）第 300584 号

书　　名	郑　和
著　　者	林　遥
丛 书 名	中华先贤人物故事汇
责任编辑	罗明钢　董邦冠
出版发行	中华书局
	（北京市丰台区太平桥西里 38 号　100073）
	http://www.zhbc.com.cn
	E - mail：zhbc@ zhbc.com.cn
印　　刷	北京瑞古冠中印刷厂
版　　次	2019 年 2 月北京第 1 版
	2019 年 7 月北京第 2 次印刷
规　　格	开本/787 × 1092 毫米　1/32
	印张 4⅝　插页 2　字数 68 千字
印　　数	10001 - 30000 册
国际书号	ISBN 978 - 7 - 101 - 13664 - 7
定　　价	20.00 元

出版说明

孔子周游列国，创立儒家学说；张骞出使西域，开辟丝绸之路；书圣王羲之，留下了曲水流觞的佳话；诗仙李白，写下了"举头望明月，低头思故乡"的名篇；王安石为纠正时弊，推行变法；李时珍广集博采，躬亲实践，编撰医药学名著《本草纲目》……

这些杰出的历史人物，有的是在中华民族文明进程中做出过突出贡献、对后世产生过巨大影响的思想家、政治家，有的是对中华优秀传统文化的传承传播发挥过重大作用的文学家、艺术家、科学家，有的是为国家安定统一、民族融合团结和中外文化交流做出过杰出贡献的军事家、外交家……他们为中华民族的繁荣发展做出了伟大的贡献，他们的行为事迹、风范品格为当世楷模，并垂范后世。

他们是中华民族的先贤人物。他们的思想、品德、事迹，是中华优秀传统文化的结晶。他们的故事，是对中华民族的禀赋、特点和气质最生动、最鲜活的阐释。他们的名字，在五千年中华文明史上最为光彩夺目。他们为五千年中华文明史书写了最为光辉灿烂的篇章。

为了解先贤，走近先贤，我们精心组织编写了这套《中华先贤人物故事汇》丛书。以详实可靠的史料为依据，以细腻动人的故事为载体，真实地呈现中华先贤人物的事迹、品格和精神风貌，彰显他们的贡献和功绩，以激发人们对国家民族的热爱，对中华文明、中华优秀传统文化的崇敬。

开卷有益，期待这套丛书成为你的良师益友。

目 录

导　读

　　郑和出生在云南，他的父亲叫马哈只，哥哥叫马文铭。大概十岁左右的时候，因为战乱，少年郑和背井离乡，被送进宫里。

　　郑和之所以名闻天下，主要是因为他有从明永乐三年（1405）到明宣德八年（1433），七次率领船队远下西洋的伟大壮举。郑和时代的"西洋"，大体是指亚洲南部与非洲东部沿海处在印度洋海域的各个国家和地区。

　　郑和七次下西洋，规模最大的一次是率领由两万七千八百余人、两百多艘船只组成的庞大舰队，最远抵达非洲东海岸的一些国家和地区。在历时二十八年七次下西洋的过程中，郑和每到一地，都将所带货物交换当地土产，促进了文化交流和商品流通。郑和所率船队航迹遍及三十多个国家和地区，达到了中国古代航海外交的巅峰，在中国古代对外关系史乃至世界文明史上写下了光辉的一页。

本书选取了郑和下西洋过程中几个精彩的故事，如古里建碑、旧港擒捉海寇陈祖义、锡兰山佛寺布施、满刺加建官仓、协助苏门答剌平叛等。虽然无法全面展现郑和下西洋的所有具体经过，但通过故事的讲述，可以给读者呈现15世纪初明朝航海使团下西洋的盛况：其船舶数量之多、船只吨位之巨、航行里程之远、航海技术之先进，在当时乃至此后一个世纪内，都是无可比拟的。

郑和历尽艰辛，七下西洋，促进了与沿途各国之间的往来与交流，是当之无愧的伟大航海家。

帝国的舰队

开放海禁的争论

随着一声沉闷、沙哑的声响，太庙的大门被打开。透过从两侧窗棂斜射而入的阳光和浮动的尘埃，可以清楚地看到明太祖朱元璋的画像。

画像中，朱元璋沉郁莫测的表情，让所有人感到隐隐不安。绢本画像的每一丝纤维，似乎都在讲述着他一生沉重、血腥的历史，同时无言地昭示着后世子孙奉天法祖的意义与责任。

朱棣拜谒过先帝的神灵后，起身回宫。朱棣扫了一眼大殿内匍匐跪拜的群臣，微合二目，两眼夹缝的微弱空间，仿佛洞穿了帝国的一切。

刚刚结束的那场宫斗，把南京的空气仿佛都浸在了血泊之中，紫禁城甬道的血迹似乎还没有擦干。建文帝朱允炆生死不知，下落不明，虽然有人传说他的手上还握着所谓的传国玉玺，然而，这一切对于朱棣而言，只是时间问题。在日后很长的一段时间里，朱棣将用手中的权力去实现自己的梦想，一个富国强兵的梦想，一个万国来朝的伟大帝国的梦想。

郑和，穿上了皇帝特许太监穿的三品金孔雀服，六只喙含奇珍异宝的金色祥禽围绕在周身，更显得气宇轩昂。朝堂上那些只允许穿常服参加朝会的文武百官，在郑和新衣服的映衬下，更显得有些暮气沉沉了。

郑和虽然是第一次在群臣面前答对，但是他似乎并没有因想象中的紧张表现出颤栗。

郑和面向朱棣，将出使日本从足利义满那里接过的"臣服表"读毕，并将与日本交涉的两国共同荡涤海寇、开展贸易等事项逐条朗声陈具。朱棣龙颜大悦，频频点头。然而，郑和的话音刚落，所有的不满和反对如同决堤洪水，倾泻而出。

郑和虽然是第一次在群臣面前答对，但是他似乎并没有因
想象中的紧张表现出颤栗。

"臣请陛下三思，扶桑乃是不通王化之邦，完全不讲礼仪之国，先帝与其断绝往来是有道理的。"

带头反对的是文渊阁大学士杨荣。他素以直言不讳著称，就在朱棣攻陷南京之后不久，杨荣作为一名"南京旧臣"，却敢拦住朱棣的马头大声说："殿下是先谒皇陵还是先即帝位？"朱棣一怔之后，还是欣然接受了杨荣的劝谏，并让他进了文渊阁。今天这位不怕死的大学士，又很不恰当地抬出了先帝。

朱棣今天没有御道前的容忍与耐心，他非常不高兴："何以见得？"

杨荣坦言："区区弹丸之地，人同其地，小肚鸡肠。更何况有前朝世祖两次兴师征讨，日本国至今还怀有余恨，图谋不轨，不可不防。"

朱棣没有多看杨荣一眼，而是把目光转投郑和。

郑和轻弹袍袖，笑答："杨大人此话差矣，两国不交才是倭寇不绝的根源，若两国通好，共治匪患，我大明东南沿海河清海晏，岂非幸事？"

礼部侍郎兼华盖殿大学士杨士奇淡淡冷哼一声："子曰，'道不行，乘桴浮于海'，而今躬逢盛世，你在此鼓吹乘桴浮于海意欲何为？"

郑和也以孔孟之理回敬："圣人也曾提出'柔远人则四方归之'，还说'有朋自远方来，不亦乐乎'，倘若圣人活到今日，也会欣然面对这'远邦交'的盛世。大人口中的'道不行，乘桴浮于海'只是圣人的比喻罢了。"

这些饱学鸿儒并没有把郑和一个宦官放在眼里，他们深信这些宦官依仗的无非是皇帝的宠信，但是郑和的回答着实出乎朝臣的预料，他们不知道这个年轻的太监哪里来的见识，援引经典，竟把两个大学士驳得哑口无言。

户部尚书夏原吉觉得从外交与礼法而言，郑和也许还能讨到便宜，但论及远交外邦所费钱粮一事，定是皇帝在乎的："同番国交往所需钱粮更需统筹，从长计议，频繁派人出使海外，给予番国的赏赐也日益增多，长此以往，国库将不堪重负。"

朱棣听罢摇头，轻叹一声："亏你们还知道我大明乃泱泱大国，而今畏首畏尾，不主动与外邦交往，一味闭关设防，大国威严岂不丧失殆尽？"

的确，太祖在世时，爪哇国（在今印度尼西亚爪哇岛一带）曾无端戕害明朝取道该国前往三佛齐国（即旧港，在今印度尼西亚苏门答腊岛东南部的巨港）的使者；几年之后，安南国（今越南）兴兵侵占明朝藩属占城国（在今越南中南部）领土。这些国家不把大明威仪放在眼中，也是不争的事实。

朱棣的诘问显然在表达对诸位旧臣的不满。朝堂上，顿时一片寂静。然而这些尊奉程朱理学的传统文人，又何尝把生死看得那么重呢？他们信奉威武不能屈的气节，朱棣与郑和又何尝不明白。所以，面对这些冥顽不化的朽儒，一再打压将会引起不必要的麻烦。

郑和深得朱棣的用心，就着刚才提到的经济得失论及大明开国以来的海禁。正是因为海禁，正常贸易渠道被人为阻塞，市舶司（管理海外贸易的官署）几近废除。海禁迫使民间走私猖獗，海盗横行。朝廷实际所受的损失，岂止是区区关税小利，沿海百姓被迫逃亡他处。

郑和坚信："开放海禁，中外通好，乃兴国

之道。"

方才已被郑和驳斥一回的杨荣，从郑和口中听到"海禁"一词，顿时反应过来："海禁"乃是开国太祖高皇帝的遗训。他上前恳言："先帝尸骨未寒，轻言废除海禁无异谋逆！"

这一句真是击中了要害！朝堂之中的旧臣顿时纷纷点头称是。

郑和一时语塞，他知道这个时候无论再说什么，都会被这些儒臣扣上"大逆不道"的罪名，如果龙椅上的朱棣也参与其中，就会正中他们的下怀。

郑和凝视着高高在上的朱棣："臣奉旨旨谕日本国督察海匪，与我天朝共剿之，今已圆满完成，其他事务请圣上天裁。"

朱棣明白，郑和将话题抛过来，就是想请自己赶紧堵上这帮大臣的嘴，这样的议事，就算议到天亮也没个终结。

朱棣何尝不想放开海禁，重现汉唐四方来朝的盛况。但是面对《皇明祖训》序中父皇以斩钉截铁的口气，嘱咐他的皇位继承者和所有后人："凡我子孙，钦承朕命，勿作聪明，乱我已成之法，一字不可改易……"朱棣的心胸岂在太祖之下，但父皇遗训又岂能公然违背？杨荣的话的确不太中听，但在这个时候他只能选择沉默。

他正要起身宣布退朝，杨荣又开了言："臣还有一言，不知当讲否？"

朱棣有点不耐烦："有话就快说吧！"

杨荣极力想挽回颜面，他故意瞥了郑和一眼："陛下近些时候派往海外的使者，多为内臣，臣以为不妥……"

朱棣还没等他说完便打断他："是否又是事关祖制？"

杨荣横下心答道："不错！宦官乃刑余小人，声音怪异，身形猥琐，出使外邦，有损天朝威仪。"

站在朝堂上的郑和，突然觉得杨荣的话仿佛一记耳光，当着朝堂上下众人的面狠狠地抽打在他的面颊之上。的确，他只是宦官，同他一样出使海外的还有侯显使西番，李兴使暹罗（今泰国），尹庆使满剌加（在今马来半岛南部的马六甲），海童、李达……这些都是宦官，可又哪一个是身形猥琐？

朱棣忽地从龙椅上站起，他指着郑和诘问朝堂上的大臣："你们给朕好好看看，他是声音怪异、身形猥琐、有损天朝威仪的人吗？"

皇帝不等宣布退朝，拂袖而去。

宝船如巨龙

朝议之后，朱棣做了件让所有人瞠目的事情。他接连发出几道圣旨：责成南京、泉州等地的船厂，大批制造远洋航行的帆船。

朱棣"不宣而行"的举动，给了郑和无言的支持，郑和心底的阴郁顿时一扫而空。

朱棣派郑和去督察造船，命他务必抓紧，不许有丝毫懈怠。郑和欣然领命，很快一行人马便到了位于龙江关的船厂。

显然这里比先前大了许多，造船场地的面积数倍于前。最显眼的是增加了七个巨大的作塘，排列在扬子江岸边，高大的闸门将滔滔江水挡在江堤之外，作塘里一片繁忙景象。此时的龙江船厂已经扩充到三万多人，按专业分成木作、铁作、舵作、篷作及索作五组，比起原来小作坊，已是一番新的格局。

造船技术在中国可谓历史久远，早在秦汉，北起渤海，南至广东沿海的海上交通制造业就已兴起，那时已经有了比较成熟的木质帆船问世。随后船体不断加大，船具日臻齐备，船舶的种类也逐渐增多。汉武帝曾在江西建造过"豫章大船"，甲板之上楼橹高至四层，宏伟异常。隋唐时以船身巨大、载货众多、结构坚稳、设备完善著称于世，其中有一种称为"俞大娘"的船，载重超过万石。时至宋元，造船技术突飞猛进，当时的船体首狭而底尖，吃水极深，龙骨由两段接成，自龙骨至舷侧有船板十四行，均以麻丝、竹茹、桐油灰舱（niàn）缝。

摆在郑和面前的宝船图纸，船身比历朝历代的都大，远航的能力也要求比历朝历代的都强。宝船的造型完全要体现大明王朝的繁荣和强盛。在朱棣的口中，这只是一道谕旨，但在郑和面前却是无数的难题。

建造大船，大型木料便是头一道难关。郑和亲自查看从各地采办来的木材，放眼看去，江中运木料的航船络绎不绝，岸上运木料的马车前不见头，后不见尾，可谓船如流水车如龙。郑和让人仔细算来，造一百八十三艘大型远洋船，其中还有四艘特大号宝船，共需多少木料。当匠人将详细的数据递到郑和面前时，郑和很快便意识到当前最着急的问题是需要采办特大号的栗木或栎木木料，以制造大型宝船的桅杆和舵杆。

郑和派人继续督造船只，他则亲自去督促采办宝船急需的特大木料，并一路巡查远洋贸易所需要的上万件瓷器和上万匹丝绸，以及采办大量铁器、布匹、茶叶、蜡烛、白酒、菜油等特产。这些东西数量巨大，朱棣又是一个急性子的君王，当组织庞大船队下西洋的决心下定，各方面的准备，顷刻间成了火烧眉毛的事情。

江西吉安罗霄山，自古便以盛产巨木闻名，遮天蔽日的原始森林留下了郑和的足迹。很快，参天的古木沿着赣江湍急的江面，向南京滚滚而去。

一路上，山清水秀，美景不断，郑和的心情好了许多，步履也轻快了。他离开云雾缭绕的罗霄山，走向盛产瓷器的景德镇。景德镇在昌江南岸，原名新平，宋朝改称景德，这里的土壤种粮极差，烧瓷却天下第一，皇宫御用的瓷器、赏赐番国王室的瓷器均在这里烧造。

当郑和再次回到龙江船厂的时候，一个气宇不凡的人在此恭迎——他叫王景弘。

郑和欣然向皇帝派来的这位助手倾诉了一路行来的收获。

王景弘也坦言，龙江造船厂打造宝船，可说已是万事俱备，只是宝船的式样还没有设计出来，宝船需要的大铁锚如何铸造也没有人能够想出办法。按照皇帝的要求，宝船应当是前无古人的大船，与之相匹配的锚自然也是普天下没有过的大锚。大，有大的难处。

郑和问及王景弘的家世，以及历代不同船的特点。王景弘生在福建，对船并不陌生，他逐一回答了郑和的提问。

郑和淡淡地说："你一心想下西洋，想的都是曾经见过的那些西洋船。殊不知西洋船都很小，想从小型的西洋船幻化出庞大的宝船，谈何容易？如今圣上想打造前所未有的大明宝船，一味仿效西洋船不行，凭空想象也不行，最好的办法就是把历朝历代大船的优点都集中起来……"

王景弘顿时双眸一亮。

"可否将福船'尖如刀'的外壳，与沙船'长、阔、平'的船身结合起来？"

王景弘听后击节称赞，他原籍福建，对福船最为熟悉。福船是"福建船"的简称，是单龙骨的尖底船，上平如衡，下侧如刀，最可贵的是在浅海和深海都能进退自如，适合海上航行。而沙船则是一种遇沙不易搁浅的大型平底帆船，始于唐代，盛行于宋元。船型方头方尾，俗称"方艄"，甲板宽敞，型深小，干舷低；采用大梁拱，使甲板能迅速排浪。沙船上多桅多帆，桅高帆高，加上吃水浅，阻力小，能在海上快速航行，适航性能极好，载重可达六千石，堪称巨轮。

郑和接着说："汉代楼船高达十余丈，可雄视四方。宋代车轮船船帮很高，便于隐蔽。西洋船灵巧轻便，进退自如。所有这些船的优点，都应考虑进去。既要拥有唐船体积庞大之长，又要克服其吃水太深，不利于进入河口的弱点。你可曾见识过阿拉伯一种大肚子船，仿造它也可增加船体的容量。"

王景弘有过多次海上航行的经验，他说出自己的担心："宽肚船在航行中容易打横，导致航向偏离。"

郑和心下一动，立刻有了主意："在船的两边加上浮板，是否能避免航向的偏移？"

王景弘提笔在手，笔走龙蛇般在纸上勾勒出一只巨船。所有人都被惊得目瞪口呆："长度四十四丈四尺，除去头尾虚梢，自抛锚梁至压舵梁共三十二丈余。"

这哪里是宝船，简直是一条巨龙！

史无前例的舰队

浩瀚的长江滚滚而来，将罗霄山的巨木送到了龙江船厂。面对着数丈长的巨木，郑和感叹上天的恩赐。宝船船型宽大，无疑增加了前行的阻力，航速就会减慢。为此宝船便用十二帆和高大的桅杆来弥补。这些高大而众多的桅杆，制造起来又是一个棘手的难题。郑和为此又一头扎进木作坊，每天与匠人们反复试验。

时令已经进入伏天，扬子江上的江风无法驱除人们身上的燥热，江边的柳树和杨树上的知了聒噪不停。郑和与手下的工匠们苦恼于宝船的制造细节，加上难耐的炎热，简直是内外交困。然而，智慧的结晶往往诞生于艰苦的环境。郑和与这些能工巧匠竟成功试验出小材拼接成大材，短材拼接成长材，以二株拼接为一株的方法。甚至有的高大的桅木以五株木攒成，其外束以铁箍。

郑和在解决宝船制造难题以后，席不暇暖，赶忙腾出自己的精力，转到人马的招募上。郑和委托统领过水师的朱真等人，精心布置远洋船队的人员配备。众人斟酌再三，详细开出了一份名单，所有看到过名单的人都无不为其规模之大而咋舌，计有：钦差正使太监七人，副使监丞十人，少监十人，内监五十三人，都指挥二人，指挥九十三人，千户一百零四人，百户四百零三人，户部郎中一人，阴阳官一人，教喻一人，舍人二人，医官、医士一百八十人，此外还有通事、买办、阴阳生、书手、官校、军旗勇士、水手舵工共二万七千八百余人。

朱棣看到名单，当下便颔首应允。

朱棣心中非常满意自己选中了郑和。他虽然只颁布了一道圣旨，然而通过郑和事无巨细的筹备，出使西洋的前景已经越来越清晰地呈现在这位心怀四海的皇帝面前。

朱棣心中满意，面上却不动声色，他朗声问："此次率大明船队出使西洋关系重大，朕问你一个问题，你想到过这么大的船队如何在海上航行吗？"

郑和呈上自己同王景弘、林贵和等航海能手多次研究的"飞燕掠海图"。

朱棣接过来一看，二百多艘远洋船排列组合成一只巨型飞燕，由前哨和前营组成燕子的头，左哨列、右哨列组成燕子的翅膀，战船组成燕子的尾巴，帅船和中军营组成燕子的脊梁，马船、水船、粮船，则紧凑为燕子的身躯。首尾相衔，左右联动，上下呼应，在海上形成一个动静有致的整体，既可抗拒风浪，也可随时出击来犯之敌。

朱棣看罢欣喜不已，他命身边的宦官将这个航海船队巧妙排列组合的图带回宫中，他要把这伟大的航程昭示群臣：他要让那些饱学鸿儒、那些冥顽不化的股肱之臣，看看他们口中的"刑余小人"是何等才智超群。

朱棣当即命郑和、王景弘同为出使西洋的正使太监。郑和看中王景弘有丰富的造船和航海经验，办事也勤谨小心。王景弘佩服郑和的传奇人生，且文武双全，胸怀宽广，是个帅才。两人灵犀相通，志气相投，在后来近三十年里数次下西洋的惊涛骇浪中，生死与共，荣辱相随，成了刎颈至交。

朱棣又敕令组建空前规模的船队出使西洋诸国。因路途遥远，海路不宁，要面向普天之下招贤纳士。兵要精兵，将要强将，马要良马，还有种种随船而行的能工巧匠、水手舵工、奇人异士，都要天下第一流。可是，见过海的人，以为海天相连之处定是万丈深渊，从那儿掉下去，必然万劫不复；没有见过海的人，想象海上愁云惨淡，日月昏蒙，阴风怒号，不知有多少可怕的妖魔鬼怪藏身其间。民众把大海看成蛟龙出没、海怪横行的地方，从而都将西洋之路视为将性命交付海龙王的畏途。

郑和身为总兵元帅，自有见地和主张。他把招募的重点放到了福建、湖广等沿海、沿湖的地方，那里的人多同水亲近。于时，王景弘被派回老家福建去挑选乐于在海上弄潮的勇士，洪保被派到湖广地方招募水手和能工巧匠。买马的重点放到漠北，从草原上买回的马都及时送到太仓水边训练，使其见水不惊。阴阳官定了林贵和，由他选定和训练海上观星相测航向的阴阳生。医官选了匡愚，由他选择确保此行人马无虞的医师。通过演武场演武，朱真、王衡、唐敬等人都凭自己的本事，分别取得了都指挥和指挥之职。他们汇集到了刘家港，在那里召集士兵，开展水战演练。

从福建长乐、泉州、漳州等地招募的大批水手舵工，被源源不断地送到南京，在浏河口稍事停留，很快就被配备到已经停泊在这里的船上。

这一日，郑和带人亲自查看招募来的水手，当他从头到脚打量一个个身壮如牛的水手时，见他们个头虽然不高，但浑身肌肉结实，手指粗大，两只大脚板上的脚指头叉得很开，一看就是惯于海上行船的硬汉。

郑和有意试一试这些未来与自己同舟共济的水手，开口便问："你们说说，海上航行最要紧的是什么？"

这些来自福建的水手异口同声：虔诚敬奉妈祖！

郑和很是感动。他坚信有虔诚信仰的人，必是十分可靠、值得信赖的人。

永乐三年（1405）的六月十五日，是朱棣钦定郑和船队起锚下西洋的黄道吉日。在临近拔锚起航的日子，九重宫阙传出旨意，朱棣要亲自为下西洋的船队送行。满朝文武，全城的百姓，簇拥着圣驾来到浏河口。

近三百艘大小船只，簇拥着庞大巍峨的宝船，遮住了绵延数里的江面。桅樯如森林般茂密，雪白的船帆让人怀疑是天上的白云误落江中，把江水都映成一片亮白。战船上的将士盔甲鲜亮，马船上群马嘶鸣，坐船上的楼阁，连在一起好像一座方圆数里的城池。

　　所有的人睁大了眼睛，他们从未见过如此威武壮观的宝船。宝船上有头门、仪门、丹墀（chí）、滴水、官厅、穿堂、后堂、库司、侧屋，别有书房、公廨（xiè）等类，都是雕梁画栋，象鼻挑檐，不愧是水上帅府。众人用眼睛测量这庞然大物，其宽其长足可以跑马。抬头观望，船上那十二根桅杆，中间的主桅高耸入云，都琢磨不透它是怎样在甲板上立起来的。艏（shǒu）楼上观星相测航向的高台，分上中下三层，安放着巨大的星位图、牵星板和各种测量方位、距离的设备。舵杆的粗大，抵得过宫殿里的梁柱。船帆的幅面，宽大到如同从天空中剪裁下来的一片片云彩，让人联想到大诗人李白"直挂云帆济沧海"的诗句。

　　这便是帝国的舰队，一支史无前例的舰队。浏河口万人欢呼，朱棣心满意足地凝视着自己的舰队，凝视着宝船船首那个身形伟岸的统帅，他坚信这个人将把自己广怀四海的心胸带到世界各地，将帝国的强大与威武播扬到海外四方。

　　郑和昂首挺胸，挥动手中的帅旗，江风吹拂着

战船上的将士盔甲鲜亮，马船上群马嘶鸣，坐船上的楼阁，连在一起好像一座方圆数里的城池。

他的衣襟，猎猎作响。帝国初升的朝阳，将无比绚烂的光华洒在宝船和整个船队的桅帆上。

王者风范

真腊礼佛

七洲洋（今海南岛东北的七洲列岛）早过了。

硕大的宝船在暹罗湾（今泰国湾）海面上平稳地行驶着。南京此时已是隆冬，但是现在头顶上的太阳依然不依不饶地散发着炽热的光芒，晒得人总想找个阴凉地方躲避起来。整个船舱里的空气仿佛浸了油，变得滑腻而沉闷。当水手们睡得一身腻汗醒来，赶到甲板上吹海风时，又是一天开始了。

这是腊月的下旬，本来应该是一年中最忙碌的时候。过年应该是最重要的事情，然而对于郑和来说，此次远航远比过年重要得多。

郑和与王景弘也忍受不了这炙热的天气，一早便用清水沐浴，只着轻快的便服坐在交椅上商讨事情。这已经是他们第三次出使西洋，几次的同舟共济，使两人更加默契。

王景弘向郑和谈起了前朝周达观的《真腊风土记》。

当年蒙古铁骑灭掉南宋之后，一路向南，将今日的越南一举攻破，随后铁骑入侵真腊（在今柬埔寨），谁想东南亚的瘴气，让草原民族难以抵挡，最终选择了退去。元成宗孛儿只斤·铁穆耳一改武力解决的传统方式，派遣使者，说服真腊及其邻近小国成为元廷的附属。周达观作为使节团成员抵达真腊国都吴哥，经过长达一年有余的游历后，回国写就了《真腊风土记》。

听罢王景弘的述说，郑和莞尔一笑："你我出使西洋岂是周达观可比！"

那还是永乐三年（1405）的夏天，就在南京的朝堂上。大明帝国的皇帝朱棣面对他的臣子们，朗声问郑和："朕今命你领兵下西洋，你能挂这帅印吗？"

郑和洪亮的声音回荡在金殿上："万岁爷洪福齐天，郑和不才，愿立功海外，扬大明之威于四海，虽艰难险阻，定当万死不辞！"

朱棣追问，可知此次去西洋的要旨。

郑和答道："此番前往西洋各国，当宣示今上德能，敦睦邦交，沟通贸易，使我大明追三代而轶汉唐。"

朱棣听罢拍案称赞："彰显我大明威仪，示强而不逞强，拥兵而不滥用，除怙恶不悛者给予痛击外，余者晓之以理，动之以情。沟通贸易务必遵循汉唐以来的朝贡贸易，厚往薄来，不可计较锱铢小利；圣人云'以德服人者王，以力服人者霸'，所到之处务必将我大明圣德昭告番王，让西洋诸国懂得我大明泱泱大国是王者，不是霸者。"

王景弘与所有在场的人都被郑和的讲述带回到几年前的情景中。

郑和一笑："此次出使真腊一来是调解他们与占城新近发生的矛盾，二来才是此行的重点，参观和研究吴哥佛城不同凡响的建筑，为的是回京之后重建天禧寺。"

朱棣也许是一直觉得愧对父母，在他继位之后，便不遗余力地大兴土木修庙建寺。天禧寺是南京城中一座古刹，相传东汉年间，一名自称来自天竺的僧人，他喜欢建业（汉时称南京为建业）的风景，愿将阿育王舍利请到此处，特请东吴孙权在这里建了这座阿育王塔。初建之时，便有"江南第一寺"之称，到了宋代改称天禧寺。朱棣想在天禧寺的基础上，建造出天下第一大刹来。

郑和得知朱棣准备重修天禧寺的消息后，脑子里突然萌发出一个想法，想让永乐六年（1408）毁于火海的"阿育王塔"涅槃（niè pán）重生，就必须建一座更加壮丽的佛塔取而代之：锡兰大佛山和柯枝（今印度西海岸柯钦一带）、古里（在今印度西海岸的卡利卡特）那些金碧辉煌的佛寺，在占城、暹罗见到的佛塔，还有真腊吴哥城五座金塔组成的出水莲花……把他们一一借鉴过来，同时辅以西洋各国的奇花异木，并建大殿，用来陈设西洋诸国贡献的奇珍异宝，一来供养佛祖，二来将皇帝沟通万邦的宏图伟业，展现在南京城里。

郑和率领的大明船队来到暹罗湾，在真腊靠了岸。虽然真腊港口有数十个，但几乎全部为浅沙港，只有一个可以驶入大船的深海港，这便是今天的西哈努克港，也曾称为磅逊港。

真腊国王得知消息，早早在那里等候，领着郑和与王景弘一行向都城吴哥进发。

吴哥佛城位于今暹粒省洞里萨湖以北，距磅逊港千余里，由吴哥寺和大吴哥通王城等大小六百座建筑物组成。吴哥寺建于公元12世纪前半期，吴哥王朝国王苏耶跋摩二世，希望在平地兴建一座规模宏伟的寺庙，作为王朝的国都和国寺。吴哥佛城的修建共历时三十五年，动用了一千五百万民工。

当国王参列婆匹牙带领使团缓缓行至吴哥佛城时，雄伟壮观的五座神塔赫然映入了郑和的眼帘。那五座神塔飘然欲飞，转瞬又凝固住了。佛城前的一汪清池掩映着神塔，莲苞般的剪影清晰地印在天幕之上。郑和与使团所有人被眼前迷人的景象所震撼。

真腊原与暹罗、占城纠葛多年，从元朝时便战乱不止。近年来占城国力渐强，又被大明天子重视，将占城立为"西洋第一站"。占城便觊觎周边国家，连真腊这样的"老朋友"也不放过。

真腊国王参列婆匹牙向大明使者备述占城国王欲将真腊沦为属国的图谋。郑和听罢，决定派一位副使太监去占城，从速解决出现在两国间的纠纷。

郑和诚恳地对真腊国王说："两国相交如同二人交往。与人为善，互惠才能互利。切不可一味仇视邻国，所谓冤仇宜解不宜结。"

国王听了忙说："真腊国从来就不愿意与他国为敌。今天有大明使者在此，谅占城国王再也不敢欺负我们了。"

郑和严肃地告诫真腊国王："大明就是大明，我朝绝对不因大国而称霸天下。处事均需理字当先，方才国王所言差矣。"

郑和的话着实将真腊国王吓得不轻。他不知道自己说错了什么，引来天朝使者如此严厉的态度。真腊国王起身答道："天朝使者息怒。"

郑和的神色也慢慢缓和下来："殿下请坐，我的意思是，大明只做调解，不做后盾。通好天下是我大明天子之意，不可胁迫邻国。此番遣副使太监前往占城，只为将真腊一方实情与占城通报，用真腊期盼和平的实际行动，换取两国交好的结果。在大明朝，此意为不战而屈人之兵！"

真腊国王听罢大明使者的言辞，才真的明白大明并非当年的蒙古铁骑，天朝使者带来的岂止是一纸诏书，而是一种沟通天下的雄心壮志。

郑和向国王表达了要瞻仰吴哥这座著名古城的来意。

吴哥是真腊的发祥地，这里的古建筑是他们的骄傲，国王与王后都愿意将其展示给天朝使者。

吴哥古城约二十里宽，共有五座城门，在东边多开了一座城门，这是真腊以东门为正门，盖房子讲究坐西朝东的缘故。城墙外边的护城河宽达二十余丈，有通衢大桥连接城门，每座石桥上都有五十四尊身形魁梧、面目狰狞的石神。桥的栏杆上雕刻了很多九头石蛇，那些石神都紧紧握住蛇头，乃是取妖魔鬼怪休想从这里逃脱之意。每座城门上都有五个用巨石雕刻的佛头，城门两旁是高大的石像，显示出佛国的庄严。

每座城门上都有五个巨石雕刻的佛头，城门两旁是高大的
石像，显露出佛国的庄严。

国王和王后引领大明使者，跨过有两只金狮子守卫的一座金桥，来到城郭的中心位置。郑和抬头一看，一座高高的金塔耸立在他们的面前。围绕这座金塔的是二十余座石塔和百余间石屋，有八尊巨大的金佛，屹立在石屋下边。郑和一行在这里焚香礼佛，持礼甚恭，国王见了非常高兴。

他们绕过金塔再往前走，又有一座铜塔，比金塔更高，直插云霄。国王特地领着郑和来到一个高处，很得意地说："天朝使者从这里看过去，有什么新的发现吗？"

郑和放眼一看，原来那些金塔、铜塔、石塔和石屋组合得无比巧妙，整个建筑就是一朵出水的莲花。那些石屋是洁白的花瓣，高耸的塔群是散发芳香的花蕊。

郑和眼前豁然一亮，一直在他心里孕育的那座天下第一塔，仿佛就耸立在那金塔与铜塔之间。

三宝垄的清真寺

郑和船队沿着占城和真腊海岸向西航行，经昆仑岛后，转身南下，直奔爪哇。时令已是盛夏，船队越往前走，越接近赤道，天气越是异常炎热。船舱里如同蒸笼，闷热难耐。走出舱外，头顶烈日，脚下甲板晒得滚烫。好多人干脆脱得赤条条，争相躺在帆影遮出的阴凉里。指挥使朱真看到军容如此不整，甚是着急，挥动手中的藤条抽打水手已经被晒成小麦色的脊背。

郑和也热得浑身难受，推己及人，他对朱真摆摆手说："反正在大洋之中，不会有人来注意我们的仪容，这天气也委实太热。"朱真见有了这话，自己也脱下了官服，光了膀子。

郑和与王景弘在船舱里，甘愿忍受酷热的煎熬，也不愿脱掉便服。王景弘向郑和呈上海图介绍，元代民间航海家汪大渊所著《岛夷志略》中说过，在爪哇岛东边靠岸的一个偏僻地方，元朝大将塔剌浑，曾经在那里掘出一口淡水井，喝了井水能清热解暑，冲洗身子不但可以带来清凉，还能让身体不生痱子。当时元军在这里一个多月的时间，杜板（在今印度尼西亚爪哇岛）久攻不下，将士们几乎被这里的炎热拖垮，就是靠这口井的一汪清泉，才重整军威，最终打了胜仗。

郑和听了王景弘的介绍，立刻想到当年曹操"望梅止渴"的故事，忙传下号令，让大伙加一把劲儿，赶到爪哇去洗泉水澡。这个消息如同一丝清凉，让大明"骄燕"加快了在大洋中前进的速度。

爪哇国，古称阇（shé）婆，包括杜板、新村、苏鲁马益、满者伯夷四个地方。爪哇原来是一国两王，在东爪哇主事的称东王，在西爪哇主事的称西王。明洪武年间，东、西两王都曾经遣使赴大明朝贡，都得到了明太祖的承认。朱棣即位以后，也曾经派遣使臣前来诏谕，东王孛令达哈和西王都马板均进表朝贺，朱棣对两王给予了丰厚的赏赐。应当说，这里同大明的关系都还不错。

奇怪的是，郑和率领大明船队来到东爪哇杜板海面，岸边却冷冷清清，别说迎接大明使者的仪仗，连人影都难觅其踪。郑和正自怀疑，派出的快船载着通事回来报告，西王已经将东王灭了，这里的局势发生了翻天覆地的变化！

郑和闻报先是一惊。两王发生内讧还属正常，然而对于获利的一方，最重要的便是应将此事递交国书，呈报大明天朝，以此取得天朝认可。然而西王擅自起兵灭掉东王实属非法，此时却又没有任何动向，这葫芦里到底卖的是什么药？

有人提议，西王都马板敢于擅自兴兵，一定居心叵测，我们人生地不熟，还需谨慎行事，应该退回宝船保存实力；还有人竟提议干脆集中兵力，杀往西王的驻地满者伯夷，教训一下胆大妄为的西王。

郑和脑子里也在紧张思量这突如其来的变故。他对西王擅自杀掉东王的行为也甚为恼火，这其中无疑包含着对大明天子的蔑视。但是，代表大明天子去讨伐西王，势必会生灵涂炭，双方士兵很多就会成为这场战争的牺牲者，并且还会播下仇恨的种子。倘若从这里转身撤回去，那样连现在西王的意向都闹不明白，而且还有向这位西王示弱的嫌疑，回去也无法向圣上交代。

这时，他记起了临行时朱棣的嘱托："诸蛮夷小国，彼不为中国患，决不伐之。"郑和当即做出决定，兵分两路。一路由自己亲自率领去满者伯夷，人不在多却在精；其余的人留在海上，轮流登岸到杜板，广泛接触本地人，多了解情况。两路人马都需谨慎小心，以防不测。

指挥使朱真跟随郑和、王景弘去满者伯夷，一路行来，通事蒲日和向大家讲解当地的习俗：此地民风剽悍，凶猛异常。所有成年男子，随身都带着刀，一言不合，便会拔刀相斗。此地居民尤其忌讳触摸小孩的头，倘若当父亲的发现有人摸自己孩子的头，必定追来，同人动刀子。此处法律规定也很奇特：杀了人只要能够逃脱，三天以后便不再追究，因此他们有恃无恐，将杀人当成家常便饭，几乎每天都有杀人事件发生。不过这里有很多从中国福建和广东等地来的人，在当地被称为唐人，他们对来自自己出生之地的人很亲近，也很热情，遇到困难可以请他们帮忙。

使团乘小船进入河口。他们在这里洗了淡水澡，驱除了身上的燥热，换上官服，撑开既能显示大明威严也能遮挡阳光的紫色华盖，逆水而上，向西王居住的满者伯夷进发。郑和一行刚抵达河埠头，西王都马板已经在仪仗队的簇拥下前来迎接大明使者。

都马板见到郑和与王景弘，立刻滚鞍下马，持礼甚恭。从面前这位西王的表现来看他并非鲁莽之徒，他擅自杀了东王，心里却一直惴惴不安。大明使者在这个时候带着兵马前来，他心里也在犯嘀咕，不知会对他做出怎样的处置。

　　一路上，都马板滔滔不绝地向使团介绍本地的风俗。原来在爪哇人分三等：一等是来自阿拉伯的富裕商人，他们的饮食起居都很讲究；二等是唐人，是来自广东、福建漳州和泉州的航海者和商人，他们也都加入了天方教，日用饮食非常洁净；三等便是本地土人，他们饮食粗粝，蛇蚁虫蚓，食啖无忌，而且稍稍有些不通王化，行为颇为粗暴。

　　郑和此时还没有料到，爪哇人的好勇斗狠，已经直接波及到了大明船队。与他一同出发的另一支队伍刚来到杜板，便无端遭到当地土人屠杀，死了八十余人，却无法找到凶手。都指挥使王衡立刻赶来禀报。

　　不要说郑和听了这消息怒发冲冠，就连站在一边的西王都马板都觉得眼前一片漆黑。虽然在周边小国中，爪哇也算得上强盛之邦，都马板自己也是心狠手辣之辈，平灭东王毫不手软，但若要与大明王朝对抗，无异于以卵击石，自取灭亡。都马板当即伏身于地，吓得说不出话来。

郑和身边两名武士一个箭步冲上去，两把明晃晃的利剑已经抵在了西王的肩头。冷静下来的郑和，制止了手下人的鲁莽行动，让都马板站起来说话。

都马板战战兢兢地说："皆因本地民风太过彪悍，也是本王管教不严，致使天朝将士惨遭荼毒。"

郑和厉声斥责："好个管教不严！"

都马板无可奈何地说："那里原来是东王孛令达哈管辖的地方，本王也是因为看不惯他放纵无故杀戮之事，才擅自兴兵灭了他。"

郑和稍稍平复了一下心情："西王一定得拿出妥善的处置办法，包括追查凶手，抚恤受害者家属，寻找失踪者，否则我们无法向大明皇帝交代。"

都马板唯唯诺诺，答应一定查办凶手，寻找失踪者，赔偿明军的损失。

郑和看着面前这位国王，又眼望着国王身边的随从，一个个面露惧色。然而他们腰间悬挂的短刀不时在郑和心中悬着：此事即便索赔成功，对那些已故的军士又有何益？对日后的爪哇国又有何益？

西洋之行不能因意外而受阻，郑和命王景弘留下来与西王商谈具体的处置办法，以及如何提高当地人民的文明程度，以实现爪哇国长久稳定的局面。其余的人即刻拔锚起航，不要误了继续西进的日期。

都马板感激天朝使者通情达理，没有在这个岛国刀兵相见。他与王景弘的谈判进行得十分顺利，双方很快就达成了协议。都马板除了承诺查办凶手，寻找失踪人员外，还答应按照王景弘提出的条件赔偿六万两黄金，弥补大明船队所蒙受的损失。

当郑和带领船队回到爪哇，在港口停泊时，扑面而来的，不见仇恨与杀戮，更多的是繁荣与祥和的景象。郑和随都马板与王景弘一起去当地的清真寺祈祷。在清真寺内，人们举行了一个特别的仪式，当地穆斯林为这位远征归来的总兵元帅三宝公祷告庆贺。

后来这座郑和亲自拜谒过的清真寺，改称三宝公庙，并改建为三座中国式的殿宇。中殿供郑和塑像，左殿供一大铁锚，据称是郑和船队遗物。

从此，这里便有了一个新的名字：三宝垄！

相传中国农历六月三十日是郑和在三宝垄登陆的日期，每年是日，该城的华侨华人必倾城而出，组织盛大的纪念活动。市民抬着三宝公圣像上街游行祭拜，以示郑和重游故地，并伴以舞龙、舞狮、演戏等活动。参加者往往达数万人之众，那场面真是人山人海，锣鼓喧天，鞭炮齐鸣，热闹非凡。纪念活动反映了海外赤子对华夏的深情和热爱，也显示了当地人民对来自中国的友好使者的怀念和崇敬。

锡兰布施

永乐七年（1409）五月，郑和使团距离第二次离开大明已有一年半的时间，在访问了南洋一些国家后，从苏门答剌（在今印度尼西亚苏门答腊岛西北部）乘船顺风出发，经过十二天的航行便到了锡兰山国（在今斯里兰卡）。

郑和将匡愚唤到自己的船上，将王景弘等人也请了过来，趁此机会谈及了那种可怕的"远洋病"。所谓"远洋病"，实际就是现在人们所说的坏血病。郑和曾听那些出使西洋回来的官员说过，人在海上时间长了，难得吃到新鲜蔬菜，容易患那种在海途中要人性命的病。

郑和问匡愚："此病何药可医？"

匡愚是江苏常熟人，出身名医世家，从医之后潜心研究医道。郑和担忧的事情，他也一直在关注："历代医家都讲究药食同源，以食为药。孙思邈《千金方》倡导'食养'，华佗的麻服散也是喝酒沉醉后的启发所得，这些无一不是注重饮食对人体的调理……"

一直听得入神的王景弘这时插话："福建人在远航的时候，都用陈皮煮水当茶喝，我曾吩咐下去，每艘船上都准备了足量的陈皮。"

匡愚连忙点头说："对，陈皮确实是治远洋病的一种好食物，还有江浙一带出海的人，喜食干梅，我们的医士也备了不少。"

郑和听了连声称赞："你们想得周到，解除了我埋藏在心底的一个担忧。"

匡愚接着补充："此去西洋，鲜果瓜菜不少，让大家多吃一些，可保无虞。"

王景弘让郑和放心，这些事他会督促下边去办的。

这时，帅船的甲板上忽然传来一阵喧闹，吸引了郑和的注意。原来此时风顺船快，水手们都聚在马欢的身旁，在议论唐玄奘西天取经的事。这些水手都知道，当年唐玄奘取经的地方，名叫天竺，锡兰山国就在天竺以南。他们高兴地说："西天取经也没什么了不起的，我们不也快要到达西天了吗？"

马欢笑着说："唐玄奘走的是陆路，咱们的总兵元帅却敢穿越汪洋大海。"

一个水手神秘地说："当今圣上金口玉言亲封总兵元帅：遇水而兴，向海而强。西洋路上谁能比得了他。"

马欢说："总兵元帅肯定是天上的星宿下凡，

若非天上星宿，哪能做这样的大事情……"

郑和咳嗽一声，走了过去。

他对大家说："快要靠岸了，赶快整理好衣服，做好登岸的准备。"

郑和凭栏远望，海面上波光粼粼，偶有一阵微风掠过，也会激起朵朵洁白的浪花。辽阔的大海真是魅力无穷，它宽容的气魄，能够接纳世间所有的风风雨雨，能够涤荡一切企图玷污它的污泥浊水。正如大明帝国的天子雄视寰宇，心系天下，开拓海外，沟通万邦，这样的胸怀与大海无异。

马欢轻轻地走到郑和的身后，轻声说："总兵元帅，船快靠岸了。"

"马通事，此次锡兰出使虽不比玄奘西游，也会彪炳史册啊……"

郑和首次、二次下西洋，可谓来去匆匆，头尾相接。永乐五年（1407）首次下西洋刚结束，朱棣即刻命他在同年的冬天再下西洋，这番赴西洋主要有两件事：一是要把那些愿意前来访问的诸多国家的使者接到南京来，好多国家当时还没有远洋航行的能力，有与中国交往之心，没有与中国交往之力；另一件事是解决锡兰现任国王敌视大明的问题。

朱棣深知锡兰国王对大明因猜忌太深而产生敌视态度，做出了一些不友好的事情。然而，他宾服四方的决心丝毫不为所动，在那里依然要宣示教化。临行之前朱棣再三叮嘱郑和一行："以德服人，不到万不得已不要动用武力。"

郑和也深深地体会到皇帝的意思，不能让锡兰成为大明对外交往的空白点，更不能让锡兰成为结下宿怨的敌人。

马欢不无疑虑地问："总兵元帅想用什么办法才能融洽与锡兰的关系？"

"奉礼！"

郑和出身于伊斯兰家庭，但他和明初其他宦官一样"最信因果"，也是一位好佛者。就在朱棣刚刚坐定天下的那一年，新天子为了纪念他在靖难之役中的功勋，为他赐姓郑，此后，世上没有了马和，而有了郑和。他一跃成为宦官之首，被冠以"三宝太监"的名号。

郑和也在努力救赎他在战争中的罪过，大量地刊印佛经，并修持菩萨戒皈依佛门，法名福善。

既然均为佛门弟子，那么给佛祖奉礼的行为，一定不会被锡兰人拒之门外，到锡兰奉礼既表达了中国佛门弟子对佛祖的崇敬，也表示了中国对锡兰的友好情谊。既然要做，就把事情做大，打造一块向佛祖释迦牟尼奉礼的碑刻，让锡兰世代都铭记中国人的这片美好心意。

马欢突然被面前这位总兵元帅的宗教包容性所震撼。尽管伊斯兰教有着"万物非主，唯有安拉"的严格教义，然而郑和对于伊斯兰教以外的其他宗教，不仅没有排斥，反而表现出一种为不同宗教的共同发展而努力的气魄和度量。

郑和说："世上所有的宗教皆为劝人向善，与人为善，是善举，皆可为我所用。此番天朝带来用中国、坦米尔（南亚民族建立的国家）和波斯三国文字镌刻，由众多高僧参与斟酌写成的《布施锡兰山佛寺碑》碑文表达了大明对佛祖的虔诚，也表明了永远与锡兰交好的心愿啊。"

就在此次出使前，南京的各大佛寺僧人听说郑和要去锡兰山佛寺给佛祖奉礼，心情都很激动，大家主动四出募化，筹集了大量奉献给佛祖陵寝寺庙的财物，无数金币和银币、成匹的苎（zhù）丝，尤其是供佛的香油就达三千斤，都托付郑和直接敬奉到佛祖尊前，没有宝船队的承载，这是谁也不敢想象的事情。各寺庙的僧人都在为郑和的锡兰之行诵经，几位住持高僧还亲自到刘家港目送郑和船队驶向海天佛国。

锡兰又称僧伽罗国，佛家说，这里是人间佛国，因而展现出了佛天一切最美好的东西。相传释迦牟尼就是在这里顿悟成佛的。释迦牟尼当年顿悟佛法的那棵菩提树的枝干，就留在锡兰山。相传佛祖来到锡兰，看到这里的人民生活在水深火热之中，顿起慈悲之念，眼泪潸然而下，滴入土中，结成宝石。佛祖圆寂以后，有两颗佛牙舍利也留在这个国家。

郑和将船队停泊在锡兰山附近的海域，让善于水战的指挥使朱真留守，指挥船队，以应不测。郑和率领一支轻骑队伍上岛，特地树起了为佛祖奉礼的旗帜，一路上向锡兰人昭告大明船队的来意。在他身后，一百多名士兵抬着那块奉礼碑，还有负责

运送奉献给佛祖诸多礼物的士兵，也随郑和登上了
岸，走在队伍的中间。

一行人马来到海边的山脚下，前边横着一块巨
大而又坚硬的岩石，上边有个凹进去、形如脚印的
天然泉池。池子足有八尺长，池中储着一汪清水，
宛如明镜。相传当年释迦牟尼从翠蓝屿一步跨越大
海来到锡兰山，右脚落地的时候，在这块石头上踏
出了这个印迹。池水因为蕴含着佛祖的气息，具有
澡雪心灵、健康体魄的神奇功效。善男信女用手捧
来洗面目，顿觉耳聪目明；捧来喝了，可以神清气
爽，祛病消灾。更奇怪的是，那池中的水虽然很
浅，却从不枯竭，舀之不尽。

郑和下了马，同众人一起，捧水洗脸，大家果
然神情都为之一爽，一齐盛赞佛法无边。

前来迎接郑和的，是已经占据锡兰都城的新国
王亚烈苦奈尔的儿子。郑和为消除锡兰人的疑惑，
郑重地对王子说："我们既来礼佛，就踏着佛祖的
脚印前进，直奔大佛山，这次都城就不去了。"

来到大佛山，锡兰黎民百姓前来拜佛的人也很
多。他们在跪拜的时候，两手远远地伸向前面，两

条腿尽力后伸，整个身子都扑在地上，五体投地，虔诚得无以复加。

郑和等人走进佛祖圆寂的佛寺，先下马参拜佛祖宝像，瞻仰了佛祖留下的卧榻。卧榻上有佛祖卧像雕塑，栩栩如生。寝座由一色的沉香木做成，上面嵌了无数的宝石，无比华丽。佛堂里安放着佛牙和舍利子，这里处处都让人感受到佛祖的存在。

郑和原来总觉得远在九天之上的佛祖是不可企及的，此刻突然感到了与佛的亲近简直触手可及，心情激动非常。他命随行的人员将奉献给佛祖的大量金银和贵重物品，一箱一箱抬进来。金银的黄白在阳光照射下灿烂夺目，几千斤香油香飘佛殿。

在立碑的时候，王子突然问道："大明使者对所到的国家都大行赏赐，众人有口皆碑，为何在锡兰只给佛祖奉礼，却没有送给本国国王的礼物呢？"

郑和答："礼之于天，祭之以致福；礼之于人，是相互的敬重，所谓来而不往非礼也。"

王子听罢低下了他原本高傲的头，惭愧固然可以洗涤他原有的懈怠，正是郑和对佛祖的正见，击退了他的邪见。这次规模宏大的对锡兰山佛寺的布施活动，弘扬了佛教文化，使当地人及各国香客、商贾目睹了中国佛教徒的虔诚，同时，充分显示了明王朝的经济实力，提高了明王朝的政治威望，扩大了大明王朝在海外的影响。

瓷路漫漫

古里建碑

从广东的番禺、徐闻，广西的合浦等港口启航向南行而转西，便与印度洋沿海港口相遇。中国的茶叶、瓷器、丝绸即沿着这条海上瓷路行销天下。

那一天天刚亮起来，在晨曦中，贝波尔港渐渐露出它的容颜。许多棕榈叶屋顶的小棚子渐渐地展露在郑和眼前，港湾处泊满了阿拉伯人造的三角帆船，古里就在眼前了。

古里这个出现于公元13世纪的古国，频频出现在中国古籍之中，宋时称作南毗国，元时称作古里佛，在郑和的时代被称作古里。它是现今印度的一

港湾处泊满了阿拉伯人造的三角帆船，古里就在眼前了。

个地方，在印度半岛的西边。

船队从当时位于印度半岛顶端的小葛兰国出发，直冲北极星的方向，过了柯枝国，就是古里国。在明代以前，双方尚无来往。朱元璋开国之初，曾经派大理寺少卿闻良辅来过这里，打通了相互交往的渠道。朱棣继位以后，派中官尹庆来这里宣诏，并进行赏赐。这个国家也随即派人前来进贡，态度相当友好。

这次郑和以正使太监的身份，代表大明皇帝来这里敕赐诰命金银印，古里国王沙米地非常高兴，带着管理国事的两个头领，很早就赶到海边迎接天朝使臣。沙米地是虔诚的佛教徒，他见郑和合掌行礼，也赶紧合掌答礼。

郑和说："这块土地是佛陀发祥之地，能来这里直接沐浴佛光，真是三生有幸。"

古里人以牛为尊，同时受到尊崇的还有大象。这些庞然大物大摇大摆走在路中间，所有的人见了都得让路，连国王也不敢怠慢。国王陪着郑和一路向王宫走去，不时碰到迎面走来的牛与象，都恭敬让路。郑和入乡随俗，对牛和象表示出特有的尊敬。

他们来到王宫，只见整个王宫的地上和墙壁上都涂了一层新的牛粪，这便是古里隆重迎接贵宾的表示。沙米地重新沐浴，精心在额头上、鼻梁上以及两股之间涂上细细的白灰。那细白灰也是用牛粪烧出来的，这是古里人接待贵宾的最高礼节。

佛教的发源地确实非同一般，这里连王宫也像佛殿，以铜为瓦，殿堂都涂成金色，地上铺着地毯，十分富丽堂皇。郑和在王宫里捧出宝诏、敕谕，沙米地恭敬地接过来。接着，郑和给国王授了金印，给王后授了银印，还分别给国王、王后及其属下大臣赐了冠服，这些古里人都面朝东方向大明天子谢恩。

沙米地在王宫里大摆筵宴，为天朝使臣接风。酒至半酣，沙米地一拍掌，立即上来一群古里少女载歌载舞。她们以葫芦笙为吹奏乐，以红铜丝为弦乐，边弹，边唱，边舞。一个个舞姿婀娜，唱音优美。沙米地在席间高兴地对郑和说："这样的千古盛事，应当记录下来，让后人铭记。"

郑和点头称赞："从我们中国来这里十万余里，两国相处如此融洽，的确应当勒石记事，以志永久。"

沙米地盛情邀请郑和撰写碑文，郑和提笔在手记事非常简明："此去中国，十万余程。民物咸若，熙暤（hào）同情。永示万世，地平天成。"

古里是西洋大国，也是东南西北货物聚散的中心。西边的忽鲁谟斯（在今伊朗霍尔木兹海峡中的格代姆岛）、木骨都束（在今非洲东岸索马里的摩加迪沙一带），北边的坎八叶城、莽葛奴儿（今印度西海岸港口城市芒格洛尔），东边的爪哇、苏门答剌，南边的溜山国（15世纪马尔代夫群岛古国）、小葛兰、柯枝，四面八方的商人都汇集到这里。

郑和船队来此的一个重要目的，就是打开远洋贸易的局面。大明船队和古里国在宫里交换了贡品和赏赐物品以后，双方还在海边的集市上展开了大宗的买卖活动。国王沙米地陪着郑和与王景弘来到古里市场。这里四方辐辏，八面来风，买卖人中穿什么服饰的都有，操什么语言的都有，南音北

郑和提笔在手记事非常简明："此去中国，十万余程。民物咸若，熙皞同情。永示万世，地平天成。"

语荟萃。往往是你说你的，他说他的，谁也不知道谁在说什么。那些通晓多种语言的牙人便应运而生，专门在买者与卖者之间撮合生意，在这边讨价，去那边还价，忙得不亦乐乎。

满剌加建官仓

满剌加，唐代称哥罗富沙，现在翻译写作马六甲。明朝初年，这里还不是一个国家，因为不堪暹罗等国不时的侵扰，其酋领曾主动写信给大明皇帝，请求成为中国的郡县。朱棣很高兴，却又断然拒绝了将满剌加纳入中国版图的要求，封其酋领拜里迷苏剌为王，还封满剌加的西山为镇国之山，并凿石记事，在碑文后边还撰写了一首诗：

西南巨海中国通，输天灌地亿载同。

洗日浴月光景融，雨崖露石草木浓。

金花宝钿生青红，有国于此民俗雍。

王好善义思朝宗，愿比内郡依华风。

出入导从张盖重，仪文裼（tì）袭礼虔恭。

大书贞石表尔忠，尔国西山永镇封。

山君海伯翕扈从，皇考陟（zhì）降在彼穹。

后天监视久弥隆，尔众子孙万福崇。

满刺加国王拜里迷苏刺，得到大明的船队要来此处的消息，早早就在岸边恭迎。

郑和一行走下海船，让国王带他们去朝拜大明天子敕封的那座西山，拜谒御碑，以此表达对大明天子朱棣的忠诚，也表达对满刺加的尊重。

他们来到西山，郑和领着王景弘等人在御碑前行了礼，随即跟着国王来到王宫，宣读诏书。

国王用细白布缠头，身上穿着细花布长衣，脚上裹着羊皮当鞋子。他也信奉伊斯兰教，同郑和一见如故。

大明使者与满刺加国王，来到一条径直汇入大海的河流旁。河流两岸绿荫遍地，树木参天。一座风雨桥横跨河上，桥上建造二十多间亭子，与两岸一些用树干和茅草搭的凉亭相接，形成了独特的街市。

郑和站在桥头极目眺望，海上不少过往船只都在这里靠岸，到河里来取淡水。不少海客趁机登岸，来到风雨桥上，与满剌加人进行以物易物的交易。风雨桥上人头攒动，叫卖声，讨价还价声，互相融汇在一起，形成了美妙的市声。郑和心里若有所动，这里独特的风景让他有了一个新的想法。

郑和问拜里迷苏剌："贵国以出产什么为主？"

拜里迷苏剌掰着指头算，除打鱼种地外，市廛（chán）交易，都以花锡为主。

郑和望着眼前繁忙的市井，不由自主地说："这座风雨桥地势太好了！"

国王拜里迷苏剌被郑和这句话说得丈二和尚摸不着头脑，不知道大明使者看到了什么稀奇古怪的东西，如此褒扬这么一个不起眼的地方。

郑和看出国王的疑惑，笑着说："这里才真正是东洋、西洋的通衢要道！国王请看。"

郑和抬手指向海上的船只，说："我们沿途接受了不少贡品，通过交换还获得了各国不少的特产，现在全堆在船上，随船队长途跋涉，很容易受损。此地乃东西往来必经之地，不如在这里找块地方，暂时堆放。"

随从而来的王景弘被郑和这一番话语说得也是豁然开朗。如果在风雨桥边租借一块地方，建一个货栈官仓，既可装卸船队的物资，还可以就地与来往的客商做生意。

国王拜里迷苏剌听了这些话为之一振，随即拍手称赞，大明使者着实眼力非凡，满剌加人日后的富裕，主要还不是这里的物产，而是这里处在海峡要冲的优越地势。一个地方位置好，本身就是产生财富的源泉。

郑和当即决定在满剌加租借一块风水宝地，建立大明船队东、西物资集散的货栈官仓。并着使王景弘留在此地，全权代办此事。这位国王欣然赞同，还特地派了一位大臣协助大明使者，备办建造货栈所需的各种材料。

船队即日起锚继续前行，郑和叮咛王景弘，建立货栈官仓，乃此次下西洋的重要成果，一定要悉心经营，其前途不可限量，待船队返航之时，我要看到比此繁华十倍的景象。来往满剌加海峡的商船发现这座风雨桥畔平添了新的巍峨建筑，来这里的人也明显增多。

王景弘的确是一名出色的正使太监。大明使者的船队刚刚起锚离开满剌加，他便全身心投入了货栈的建设。很快他便率随从垦殖建房，鼓励这些来自广州、漳州、泉州的水手、兵卒与当地女子通婚。

一天，满剌加两个年轻貌美的女子，驾着一艘独木舟向大明货栈兜售她们的黄速香。眼看那艘独木舟就要靠上大明货栈了，突然不知怎地，独木舟猛地被大浪掀翻，两名女子惊叫一声，掉进了水中。这时，忽地从水里冒出一条硕大的鳄鱼，张开血盆大口猛扑过来。两个明军士兵见状，奋不顾身跳进水中去救人，其他的明军士兵也赶紧举起刀枪斩杀巨鳄，顿时在货栈前展开了一场人鳄大战。

不到一刻工夫，货栈前的河水被染成了红色。明军士兵将两个湿淋淋的满剌加女子送上岸，被杀死的鳄鱼也被拖上岸来，那两个女子的父母千恩万谢，连称明军是救命恩人。

王景弘与拜里迷苏剌也闻讯赶来，看到这条已经断了气的鳄鱼，王景弘告诉国王："此物在大明被称为鼍（tuó）龙，其皮乃至宝，可以做盔甲。"

拜里迷苏刺摇头叹息道："可是我们不会呀！"

王景弘笑着说："这有何难，大明船队有的是能工巧匠，让他们传授技术就是。"

从这天起，一些皮革匠人登岸为满刺加人传授制皮工艺。

大明船队的货栈终于建成了。四围高高的木栅栏上，飘扬着五彩旗帜，居中堆放货物的栈房，竟比当地的民居还漂亮，楼阁高耸，屋宇轩然，为风雨桥集市增添了一道景观。

渐渐地，满刺加人丁渐繁，成为东南亚海域著名的市镇。

货栈官仓的建成，为郑和继续出使西洋带来了诸多便利。此后大明船队由虎门出海后，行驶到满刺加将货物中转，便一分为二。一支船队可以向加异勒（在今印度半岛南端东岸）、阿拔巴丹（在今印度西海岸南部的艾哈迈达巴德）行驶；另一支船队可以向小葛兰、柯枝、古里前进。

马六甲海峡是印度洋与太平洋之间的重要通道，它连接起中国与印度世界上两个文明古国，也是西亚到东亚的重要通道。无论在经济上还是军事上而言，它都是重要的国际水道，可与苏伊士运河、巴拿马运河相比。

进贡使团

郑和离开浡泥国（在今加里曼丹岛北部地区的文莱）以后，国王麻那惹加那乃便在积极做着朝觐大明天子的准备。这个国王是个急性子，原本与郑和相约在大明船队回程时搭乘大明宝船拜见大明天子，却还是缺乏耐心。永乐六年（1408）八月，也就是郑和从柯枝、古里刚动身返航不久，他就独自出发了。麻那惹加那乃这次去南京，有点像走亲戚的意思，他带上了王子、王妃、王弟、王妹，还有陪臣、侍从，总共一百五十多人，甚至连春夏秋冬四季的衣服也都带齐了，打算要在那里多住一些日子。

一路上，国王也在向王妃以及身边的人，叙说两国之间千丝万缕的亲属关系。

浡泥海船的体积比大明船队的船要小得多，容量有限，他们动用了十多条船，在船头立起旗帜，这阵势虽然不能与大明船队相提并论，也算是一支颇有声势的船队。

大海茫茫，波涛汹涌，载着浡泥国王的船只在波峰浪谷间艰难前行。麻那惹加那乃身体本来就比较羸弱，又有晕船的毛病，经不住颠簸，还没有走出多远，就翻江倒海呕吐起来。他的王妃见了十分心疼，劝其调转船头先回浡泥，等大明的船队返回，乘坐他们的宝船。

麻那惹加那乃却说："开弓没有回头箭，我的心早就飞到大明去了。"

坐在南京的朱棣很快得知浡泥国王要前来朝见，他久久注视阎立本的《王会图》，抑制不住内心的喜悦。

唐太宗的时候曾经有番国国王来朝觐见，此后的几个朝代，几乎再也看不到番国国王的影子。就这一点而言，他觉得自己已经称得上功追汉唐了。

朱棣回顾本朝这几十年，自先帝海禁以后，外国使者来朝日渐稀少，彼此之间隔膜也日益增多，一些番国还开始同大明发生龃龉，有的甚至已经忘却了东方还有一个世界最强大的国家。他这几年致力于沟通海外，海路刚通，就有番国国王前来访问，这无疑是一个很好的征兆。他命礼部官员前往福州迎接，并诏谕沿途府州郡县，浡泥国王所到之处均需隆重接待。

麻那惹加那乃一行在福建泉州上岸，朝廷钦差和泉州的官员都前来迎接。浡泥国王这才知道，海路有颠簸之苦，陆路有鞍马之劳，还有应对沿途各府县招待应酬之累，比坐船一点也不轻松。浡泥国王好不容易来到南京，大明皇帝给予的接待更加隆重，当天就赐宴奉天门，满朝文武百官都来作陪。

火树银花，金樽美酒，冠盖如云……盛大的场面让麻那惹加那乃一度眩晕。朱棣这天专门穿上了接待番王的皮弁（biàn）服，让番王行了朝见天子的礼节。浡泥国王给大明皇帝献上金叶表文，赞颂天朝盛德以及大明天子对浡泥国的关怀，进而感念大明船队带去的丰厚赏赐。然后，很恭敬地奉上贡品：龙脑、片脑、鹤顶、玳瑁（dài mào）、龟筒、犀角、金银八宝器物。浡泥王妃对皇后、诸嫔妃也进奉了表达自己心意的礼品。

朱棣赏赐国王仪仗、交椅、金水罐、金水盆、销金鞍马、金织、文绮、纱罗、绫锦、伞、扇等物，其余人等也都各有赏赐。

国王躬身感谢皇帝，虔诚地说："浡泥虽为小国，然而山川所蕴珍宝还算丰富，举国上下衣丰食足，这一切都是天朝盛德泽被绵长的结果。"

朱棣高兴地说："朕自登基以来，努力沟通四方，敦信修睦，愿与天下万国共享太平之福，拳拳之心，日月可表。"

两人谈话的融洽与气氛的和谐，正如所有人的预料。朱棣欣然安顿麻那惹加那乃一家和随行人员在驿馆中住下。朱棣喜悦的心情溢于言表，他甚至每天都要亲自过问麻那惹加那乃一行的食谱，嘱咐司礼少监苏天宝一定要让国王感到如同生活在家里一样舒适、自在。

苏天宝专门负责番国贡使接待事宜，对圣意可谓心领神会。可是人总是不能与天命抗衡，身体羸弱的浡泥国王，旅途的劳顿还没有消除，又犯上了水土不服的毛病。此事惊动了朱棣，他派来医术高明的御医，派人送来宫中最上等的药材，真可谓关怀备至。

浡泥国王沉疴（kē）难医，大限之期即将到来，他紧紧拉着王妃的手："我病倒在天朝上国，得到大明天子无比的关爱，仍然难以逃脱死神的魔掌，看来只能认命。我们浡泥国地处偏远，是个很小的国家，今日有幸能够一睹大明天子的风采，见识大国的风土人情，虽死也无憾了。"

王妃听着这些话，哭成了一个泪人。国王还是握住她的手："我此生唯一的遗憾，就是受了大明天子的深恩，如今已经无法回报。在我死后，我真的希望自己能够长眠于这片热土上，不再作孤悬海外的游魂。"

王妃抹着眼泪使劲点头答应，国王这才放下心来。他最后嘱咐王子："你要永远不忘大明天子的恩惠，像本王一样坚持与大明修好。如此，我也就能瞑目九泉了。"

这位国王此时年仅二十八岁，可谓英年早逝。

秋风萧瑟，秋雨绵绵。从天而降的纷纷雨丝，似乎是为浡泥国王去世洒下的无限悲戚的泪水。苏天宝将麻那惹加那乃去世的消息报告给朱棣，叱咤风云的天子顿时掉下了悲伤的眼泪。

浡泥王妃和王子来到皇宫，陈述了麻那惹加那乃临终时表达出来的长眠中土的愿望。朱棣满口应允，当即决定赐葬南京安德门外的石子冈，并为麻那惹加那乃御赐了"恭顺"的谥号。他要苏天宝传旨，朝廷辍朝三日，举国哀悼。

朱棣在骨子里原是个极重感情的人。石子冈横卧扬子江畔，麻那惹加那乃魂归此处，应当说是个很理想的地方。滔滔江水将养育他的浡泥国与他最终归宿的天朝上国紧紧相连。朱棣命礼部大臣去墓前祭奠，并命翰林学士胡广为浡泥国王墓撰写碑文。胡广洋洋洒洒写就一篇碑文，首先表达了大明天子向世界开放、和顺万邦的政治理想，同时在碑文里盛赞浡泥国王对中土的深情厚谊，并将这位长眠于此的番王期盼两国永远交好的遗愿，淋漓尽致地表达出来。

浡泥国的王子遐旺要回国继承王位去了，王后领着年幼的国王及陪臣到宫里辞行。朱棣问他们还有什么需要帮助的。

那位机灵的年轻国王说："先王新逝，举国哀戚，百业待兴，望天子斡（wò）旋爪哇，暂免敝国每岁交纳四十斤片脑的贡礼。"

王后也提出了一个请求："国王新逝，恐邻

国心生觊觎（jì yú），乘机来犯，望天朝派官兵护送，并留镇一年，以安其国。"

朱棣一切从请，还赠送玉带一条、黄金百两、白银三千两以及其他礼物，以示慰问。王后洒泪告别，神情戚然，恋恋不舍之情，溢于言表。

继浡泥国王之后，在明成祖执政的二十多年里，来朝见大明天子的番王，先后达十一位之多。其中，苏禄国（在今菲律宾苏禄群岛）东王巴都葛叭答剌也在中土一病不起，他感念明成祖待之以诚，临终前也表示愿意埋葬于本地。朱棣命厚葬于他去世的德州，对请求留下守墓的王妃与王子也给予了特殊的关照。还有古麻剌朗，那是个临近苏禄的小国，其国王斡剌义亦奔敦前来朝觐，朱棣并不蔑视弱小，同样平等相待，优礼备至。他深受感动，回国途中，不幸病逝在福建，也留下遗言，愿意安葬于此。朱棣同样从其所请，将其厚葬在福州的凤凰山。

朱棣一朝，竟有三位异国国王魂留中华大地，这是睦邻友好的旷古盛事，也给后人留下了一段传奇故事。

陌生的远帆

生擒陈祖义

公元13世纪后半期，元灭南宋。南宋遗民一路南逃，当面对浩瀚的南海时，他们弃车登舟，踏上了寻找新家园的征程。他们当中有人以捕鱼为生，有人继续以桑农为本，也有为数不少的人干上了海上劫掠的生意。

永乐三年（1405），行人（官名）谭胜受和千户杨信从苏门答剌南端的旧港，带回来当地人称之为"头目"的梁道明。次年，与梁道明齐名的陈祖义派自己的儿子陈士良，带着朝贡赶往南京觐见大明天子。

朱棣收下了陈祖义的朝贡和他的儿子。但朱棣对这些朝贡毫无兴致，他感兴趣的是如何加强大明帝国对海外贸易的控制。他深知父皇所谓的"海禁"并非闭关锁国，乃是一种国家垄断与外国贸易的政策。

然而，现在的陈祖义触及的已经不是民船、民利，他已经触及了朱棣的利益。

大明船队从刘家港出发下西洋，已经整整两年的时间了。一旦调头东向，久别家园的水手、船工无不归心似箭。回程中的郑和接到一道密旨，命他伺机抓获旧港头目陈祖义。船队进入贯通西洋与东洋的满刺加海峡后，直奔旧港。

旧港史籍称三佛齐，过去一直进贡称臣，表示归顺。居民大都同中土有着千丝万缕的联系。然而，天各一方鞭长莫及，爪哇曾一度吞并三佛齐，使之成为其属国。当地人又不满爪哇人的蛮横，反抗不断，内乱不止。陈祖义意欲趁火打劫，伺机称霸旧港。

真是"说曹操，曹操到"。大明船队尚未抵达旧港，陈祖义竟驾船前来要求拜见总兵元帅。

都指挥朱真作为郑和身边的军事助手，听到此事心下为之一震。

来得好快，莫非走漏了风声？

郑和摇头，知道圣谕的只有寥寥几人。怕是他做贼心虚，前来探听虚实。

当陈祖义跪在郑和面前的时候，郑和看到的是一个持礼甚恭的潮州男子。虽然在南洋谋生数载，但他还是有着令人熟悉的面孔和口音。郑和命他坐下回话。

陈祖义显示出来的岂止是持礼甚恭，甚至有些懦弱，自称小人以待罪之身流落海外，内心惶惶，今日天朝总兵元帅驾临，请体谅在下的苦心，给鄙人赎罪自新的机会。

郑和双目微合，并没有接陈祖义的话题，而是历数他多次抢劫往来大明的贡使、滥杀无辜的事实。

陈祖义听了这话，再次伏身于舱板："昔日先帝在世时，朝廷奸臣勾结海外不法番王为乱海外，小人的确做了一些不法之事，现在想来追悔莫及。"

郑和知道，陈祖义口中的奸臣，指的就是被先帝斩了的胡惟庸。的确，当时他曾权倾朝野，勾结海外番人，危害过帝国对外交往。此后洪武帝实行海禁，断绝海上贸易，旧港一蹶不振，盗贼蜂起，也是事实。

郑和点头说："而今奸臣已经伏法，当今天子圣明德昭天下，你可情愿献出旧港，将功折罪，从此做个顺民，死后能够回归祖茔，叶落归根，不辱先祖？"

陈祖义把戏演得有点过了，他以头捣地的行动来回应郑和的问话，显然并非发自内心，最后的一句话，暴露了他的真实用心："恭迎总兵元帅即刻率船队去接收旧港！"

郑和笑了。陈祖义的确小看了眼前这位正使太监。

当年进入燕王府的郑和，很快就以他的聪慧得到了燕王朱棣的赏识。朱棣负责帝国北方的安全，他严密监视着蒙古高原的风吹草动，统率兵将出塞巡边。郑和作为朱棣的军事幕僚，以他极强的天赋和过人的才识，在多次击退蒙古军的战役中，出色地辅佐了燕王朱棣。在朱棣"靖难之役"起事的当晚，郑和干得的确漂亮。他带领手下的禁军很快打败了前来助阵的军士，控制了整个北京城，然后集结已经准备好的军队，等待着燕王的号令。郑和面对建文帝派来包围北京的几十万大军，并没有害怕，他坚信听命于自己的骑兵敢死队虽仅有数万之众却个个能拼死效力，他也坚信自己辅佐的燕王将是这个帝国的主宰。

郑和当即欣然答应了陈祖义的请求："就按你的意思办，正好我们的船也需要去旧港补充淡水。"

这个结果让陈祖义非常满意，他立刻起身告辞。

夜幕降临，海上一片阒（qù）寂。大明船队静静地停泊在离旧港不远的海面上，所有的船上都升起了灯笼，按照宝船、坐船、战船、马船、粮船、水船，分出不同的颜色，将大海的一隅点缀得五彩缤纷。

陈祖义走后不久，另一个人的到来让郑和与他周围的人，证实了郑和的判断。

这个人叫施进卿，福建漳州人，原是往来西洋的商人，不幸被陈祖义劫夺了船只，留下一条性命，被迫入伙当了海盗，虽然被陈祖义封为副将，但他始终不能忍受陈祖义的凶狠残忍，以及强盗的身份。此刻，他浑身湿透，站在众人面前，他给郑和带来了一个重要的信息。

施进卿胸有成竹地接过王景弘递过的纸笔，一边画图一边介绍，陈祖义如何设下伏兵，封锁住河口；如何借设宴招待之机，举杯为号，兵戎相见；如何安排上下游两头夹击，将明军引入内河一网打尽。

这场精心安排的鸿门宴被施进卿介绍得一清二楚。

郑和厉声问："施进卿，你意欲何为？"

"一为报仇，二来想借助大明天朝的力量，成为旧港的主人。"施进卿坦诚的回答，反而让郑和放下了疑虑。

是日，西南风刮得很猛，海上掀起了不小的浪涛。陈祖义暗自高兴，他一大早就派出亲信，检查各路人马的准备情况。闲暇之余，他幻想着大明船队不计其数的珍宝奇物。

当郑和与王景弘带了数百名护卫如约而至时，陈祖义把所有的得意都写在了脸上。

"总兵元帅是先办理公事，还是先开宴席？"

郑和乐呵呵地说："客随主便，悉听尊意。"

陈祖义又是一喜，既然如此，那就按既定方针办吧！

陈祖义和其他几名头目轮流把盏，一个劲儿举杯劝酒，郑和等人竟然来者不拒，对方举杯一饮而尽，他们也举杯一饮而尽。陈祖义喜不自禁，踉踉跄跄站起身，亲自来向总兵元帅大人敬酒。

当他将酒杯往头顶上举的时候。一把冰冷的宝剑架在了他的脖子上，随即听得一声大喝："谁敢动，我就宰了他。"

刹那间，其他几个头目也束手就擒，冷冰冰的短剑逼住了他们的咽喉。

陈祖义此时并没有惊慌，他知道外边都是他的人，谅郑和等人插翅难逃。他左顾右盼，伺机脱身。没想到指挥使朱真先下手为强，将守在河埠头的海匪杀了个措手不及，此时他正领着一哨人马前来接应。

　　陈祖义实在没有想到自己的手下，在训练有素的明军精锐面前，竟然如此不堪一击。他被押到内河河口的时候，忽见前面火光冲天，大火映红了远处的海面。本来已经心如死灰的陈祖义，顿时狂笑起来："郑和，你的船队已经毁了，我的人马杀过来了。"

　　众人没有理睬这个疯子一般的人，继续前行。他们登上快船，在返回大明船队的途中，与前来会合的施进卿碰了一个对面。这时，陈祖义才知道，映红了远处海面的大火，吞噬（shì）的原来是自己的家当。

　　指挥使朱真向郑和汇报战绩：杀海盗五千余人，烧毁敌船十艘，缴获七艘。听着战报郑和频频点头，陈祖义低头不语，面如死灰。

　　"去南京见见你的儿子吧！"郑和只丢给了陈祖义这么一句话，便转身向前来复命的施进卿说："尔暂且代行旧港职事，待我回朝奏明圣上，再行敕封。"

　　施进卿感谢总兵元帅对他的信任。

映红海面的熊熊烈火仿佛在为大明船队送行。

打败亚烈苦奈尔

锡兰山国，对于郑和来讲，已经不是第一次来了。

永乐四年（1406），郑和第一次抵达这里的时候，国王亚烈苦奈尔傲慢不敬。

朱棣多次提出，要让西洋番国心悦诚服归顺大明，"以德服人者王，以力服人者霸"，所到之处，要尽力宣示大明天子圣德。

永乐九年（1411），郑和率领船队第三次出使西洋，在返回途中，又驶近了锡兰山国。郑和站在甲板上眺望着远处云雾中的大佛山，在那里他曾经礼佛布施，而今故地重游让他有些心动：到底要不要上岸呢？

王景弘似乎看出了郑和的心事："可是为去留之事发愁？"郑和与自己的这个老搭档从来不会隐瞒，点头默认。王景弘却不再提及此事，转而问道："总兵元帅可熟读《左传》？"

郑和顿时心领神会，指着锡兰山国大佛山的方向命令："进港！"

扯满风帆的船队向锡兰山进发，锡兰山国王亚烈苦奈尔很快得到了消息，命令自己的儿子纳颜前去迎接。

王子纳颜独自一个人回到王宫报告说，大明的船队刚刚出使了古里，这次返回大明，一路上他们带了满船的财宝。

亚烈苦奈尔不耐烦地说："那你怎么不动手，让他们轻易溜走了？"

纳颜低声给亚烈苦奈尔出了个主意。

亚烈苦奈尔听了，竟转怒为笑，这次他要亲自带兵去迎接大明使者。

亚烈苦奈尔是个贪婪的人。他原来是锡兰山的一个地方头目，在坦米尔人大规模入侵锡兰山的时候，他率领自己领导的地方武装奋起抵抗，成功地击败了入侵者，也逐渐扩充了自己的势力。此后他自立为王，并有了独霸整个锡兰山的野心。亚烈苦奈尔对所有的外国人都心存猜忌，充满着敌意。郑和下西洋的庞大船队几次从这里擦肩而过，有一次还专程登岛礼佛，更免不了受到他的猜疑。但大明船队堆积如山的宝物，更刺激了他的胃口，膨胀了他的野心。

郑和船队停靠在锡兰山海面已经是第五天了，当郑和对自己的判断产生怀疑时，第六天的早上，前边的哨船发出信号，码头上已经看到国王欢迎的仪仗了。

亚烈苦奈尔见到郑和，从象背上下来，躬身施礼："大明使者前次来锡兰山礼佛，本王不幸因病魔缠身，没能够前来迎接，真是太失礼了。"

郑和大度地说："既然身体欠安，就谈不上失礼，国王现在是否大安了？"

亚烈苦奈尔称自己是托天朝使者的洪福，郑和的到来，让他的病立即痊愈了。

亚烈苦奈尔一路上殷勤地为郑和指点远山近水，讲述锡兰山的种种风土人情。

锡兰山有种很漂亮的孔雀，习性如人，被誉为鸟王。所有的孔雀找到了果子，或者捉到了虫蚁，先要送给鸟王吃。鸟王有了危难，所有的孔雀都会飞来相救。锡兰山人为了逮住孔雀，便把鸟王关进笼子里，挂在一棵涂满胶脂的树上。孔雀听到鸟王的鸣叫，便从四面八方飞过来落在那棵树上，结果一一被胶脂粘住。

郑和笑着说："国王不会把我们也都当成锡兰山的孔雀了吧？"

亚烈苦奈尔仰天大笑，劝告天朝使者不必多虑："我还特地准备了一对盖世无双的孔雀，请你们带到南京，呈献给大明天子。"

一路无话，很快到了锡兰都城。郑和向亚烈苦奈尔宣读大明皇帝的诏书。

郑和命人将大明皇帝的赏赐抬进来。亚烈苦奈尔看了看，刚才的谦恭一扫而光，不屑一顾地说："就这些礼物？"

郑和义正辞严："中国乃德化之邦，讲的是礼尚往来，锡兰山国完全可以同中国沟通贸易，互通有无，彼此都有利可图……"

亚烈苦奈尔不等郑和把话说完，大喝一声："算了吧，你们已经是瓮中之鳖，还不束手就擒！"

郑和早已料到亚烈苦奈尔有所图谋，但是没想到的是，他居然如此的丧心病狂。双方在王宫里展开了激烈的战斗。郑和身旁的武官带着两千士兵及时冲了进来，保护着郑和从王宫里退出来。

郑和命人沿原路返回，请海上船队的大队人马赶来救援，收拾这个可恶的国王。很快，郑和的人马退至第一个隘口，他们发现出口已经被堵得死死的，寸步都不能前进。大明的人马停住了脚步，望着那些滚木礌石，不知该怎么办。

这时有人来告诉郑和："刚才探马来报，敌人已经倾巢出动，去抢夺我们海上的船队了。"

郑和立即意识到，这个狠毒的亚烈苦奈尔，想先困住使团兵力，然后去夺取大明宝船上的财物！

所有人都陷入了恐慌。这的确很被动，一旦亚烈苦奈尔到达大明的船队，他可以使用更加卑鄙下流的手段获取那些财物。

这场景让郑和不禁想起"靖难之役"中的生死搏杀。

既然亚烈苦奈尔诡计多端，那就以其人之道，还治其人之身吧！

郑和镇定自若地对所有人说："亚烈苦奈尔嗜

血贪财，定是带领全城的人马去抢夺我大明船队，这个时候最空虚的就是他的王宫。他以为我们远道而来，人生地不熟，没有几分胜算。我们就干脆杀他个回马枪，直捣王宫，同那个亚烈苦奈尔拼个鱼死网破！"

亚烈苦奈尔派王子纳颜率领所有的兵力赶往海边，自己则坐在王宫里做着发财的美梦：明军的最高统帅困在山谷，海上船队群龙无首，必然经不住王子数万之众的攻击，要不了多久，那个郑和就得乖乖地转身回来投降。

果然，人马都回来了。

只不过，是郑和率领着使团的两千余人回来了。

亚烈苦奈尔正得意地对身边的大臣吹嘘这个捉孔雀的办法，他端好架子准备接受郑和投降。

然而，亚烈苦奈尔等来的却是大明使团明晃晃的利刃。他实在想不出郑和为什么撇下整个船队的财物，返回来杀进王宫。

当亚烈苦奈尔成为大明使团的俘虏时，海上也展开了激烈的战斗。王子纳颜带着数万之众，驾着船只，向大明船队杀奔而来，他把那些在海里捕鱼的独木舟都弄来了。

乌合之众只能有一个可悲的结果。大明船队尖刺带倒钩的铁蒺藜（jí lí），很快让所有锡兰人领教了大明军队的威力，他们被杀得四散奔逃。

王子在海上并没有占到便宜，立即带领人马撤回王宫。然而，这时的王宫已然不是他可以出入的地盘了。

明军已经占领了王城，父亲和自己的家人已经成了大明军队的阶下囚，再战无异于自杀。

亚烈苦奈尔一脸茫然，他到此时还闹不清楚自己为何会落得如此下场。他想把明军变成自己手中的"孔雀"，自己反倒成了明军手中的"斗败鹌鹑"。

此时郑和才向属下讲述了《左传》中"郑伯克段于鄢"故事的寓意，这才是"多行不义必自毙"。

战争是令人厌恶的，有战争就会有死难者。大明"骄燕"重整雄风，乘着徐徐吹来的西南季风向东驶去。

平定苏门答剌内乱

经过郑和三次出使西洋之后，邻近诸国纷纷派人来朝，他们带来的不仅仅有朝贡的贡品，还有求救信。还在南京的时候，朱棣就交代郑和，苏门答剌的王后托人带信来，那里正在发生内乱，返航途中使团正好顺道去那里排纷解难。

苏门答剌发生的是一场关于王位的纷争，双方都期望大明天子派人主持公道。郑和临行前特地问过朱棣如何处理，最后等来的只有皇帝的一句话："相机行事。"

此刻，在帅旗飘动的宝船上，郑和正与王景弘等人商量，到了苏门答剌，应当采取怎样的对策，支持谁继承王位。

然而，此次苏门答剌发生的事情，同以往国与国之间的纠纷大有不同。两国之间的纠葛，作为大明使者可以出面调停。而对于人家国内发生的纠纷，如果横加干涉，实在师出无名。

说起苏门答剌内乱，起因还要追溯到十多年以前，在苏门答剌北部有一个被称为花面国的古国，因其国民有在脸上刺花的风俗，故而得名。花面国人生存资源匮乏，只得做些打家劫舍的事，以维持生计。

那一年，花面王那孤儿偷入苏门答剌，苏门答剌年轻的国王宰奴里阿比丁闻讯赶来，要惩罚这些花面贼。花面人做贼心虚，两军刚一相接，便仓皇逃向海边。年轻的国王宰奴里阿比丁忘了穷寇莫追的道理，想全歼这伙花面贼，来个一劳永逸。不想，却中了花面王那孤儿设在海边的埋伏，年轻的国王宰奴里阿比丁回到宫里才发现，身上中了毒箭，不久箭毒发作，扔下年轻的王后与襁褓（qiǎng bǎo）中的王子，撒手归西。

花面王那孤儿，得知年轻的国王宰奴里阿比丁死了，由此很受鼓舞，野心很快就膨胀起来，由劫财发展为劫国，要把整个苏门答剌都变成他们的钱袋和粮袋，大举兴兵杀向苏门答剌王宫。

此时，苏门答剌的王后虽然年轻，但很有主见。王子年幼，无人御敌，王后便向全国传谕："有能帮我报杀夫之仇，又能保全国家的，我愿意做他的妻子，和他一起共主国事。"王后的美貌举国皆知，又以国王的王冠当嫁妆，更令人跃跃欲试。

是日，本地的一个渔夫来见王后，声称自己有办法打退花面国的进攻，保住苏门答剌，不知王后是否能够兑现诺言？

"谁能打败入侵本国的花面贼，替死去的国王报仇，我就是谁的妻子，这个国家也就是他的。"王后把自己的话，向渔夫再次陈述。

渔夫得到了王后的亲口承诺，也不用原来国王的人马，回到自己的老家招募了一批渔民和乡勇，出其不意将花面人杀了个措手不及。不可一世的花面王那孤儿也被渔夫手刃。花面人原本就是散兵游勇，只是乘人之危赢了一场，如果见好就收，也还能保住性命，现在落得个身首异处，剩下的人扔下死伤的同伴，坐上船逃之夭夭了。

当渔夫带领自己的队伍赶回王宫的时候，年轻的王后真的没有食言，决心再当一次新娘，将自己收拾打扮停当，在王宫中等待新国王的凯旋。

在王后的协助下，渔夫国王将苏门答剌治理得井井有条。王后也没有忘记，让这位渔夫国王派出贡使出使大明，大明皇帝也给这位渔夫出身的新国王加了封，认可了其王位的合法性。从此，他们夫唱妇随，共同掌国，国人尊称渔夫为"老王"。

可是前不久，老王猝然辞世，王后还没有从哀戚中摆脱出来，继承王位的矛盾就摆到了她的面前，而且日趋激烈起来。

老王有嫡子名叫苏干剌。他认为自己的父亲是当朝国王，这王位理所当然是他的。他向国人说："子承父业，合情合理，我乃苏门答剌当仁不让的新国王。"

原来国王宰奴里阿比丁的儿子，此时也长大成人了，他针锋相对地提出，只有他才是苏门答剌王位的合法继承者。他的理由也很充足："老王是因为我的母亲有所许诺，同他成了亲，夫因妻贵，那完全是形势所迫，事出有因。现在既然老王已经死了，这顶王冠就该物归原主，岂能落入异姓旁人之手。"

两人针锋相对，谁也不肯退让，本来很有主意的王后，这时也没了主意。她是个温柔多情的女人，这一边是亲生骨肉，自然情有独钟；另一边是救国于危难的渔夫的儿子，一日夫妻百日恩，何况她同渔夫老王做了十多年的夫妻。她万万没有想到，自己当年救国的义举，却埋下了争夺王位的祸根。

就在王后犹豫不定的时候，国王宰奴里阿比丁的儿子在原来一些朝臣的支持下，捷足先登，抢得了王位。苏干刺便同他兵戎相见，双方率领各自的人马打了起来。

王景弘听罢，把头摇得像拨浪鼓一般，为难地说："要论这件事，他们两人谁当国王都有一定的道理，我们该向着谁恐怕很难弄清楚。"

郑和苦笑，这就叫清官难断家务事，他们自己都说不清楚的事，外人谁能说清楚。

但是事已至此，他们这样长期闹下去也不是办法，必然导致此处海路不宁，阻碍大明船队的西洋之行，最终解决还是需要大明的使者。大家讨论的焦点无非是继承权的问题，最后问题困扰得所有人都头痛欲裂。

眼看苏门答刺就要到了，岛上的青翠椰林已经轮廓分明，岸边的渔船也清晰可见。郑和终于下了决心，他对大家说："既然圣上命我们相机行事，我们就相机行事。现在王位继承人有争议，王后却是没有争议的。那我们就先去王宫拜见那位王后！"

郑和的船队刚接近苏门答刺岛，已经坐上王位的新国王和苏干刺都划着船，争着抢着要见大明总兵元帅。郑和避而不见，让王景弘去给他们传话："请双方立刻罢兵休战，何时面见大明总兵元帅，听候安排。"

两个王位的争夺者，听了这话，只好怏怏退了回去。

郑和从容地沐浴更衣，留下王景弘统帅海上战船，自己则点了一哨人马上岸，由指挥使朱真带领，向苏门答刺王宫进发。

苏门答刺的王后已是玉容憔悴，听说天朝使者来看她，王后大喜过望，拜见了郑和。她脸上露出多日不见的笑容，天朝使者来了一切便都好解决了。王后迫不及待地派人要去找两个争夺王位的人来见大明使者，接受天朝上国的调停。

郑和立即劝阻，使团初来乍到，鞍马劳顿，暂时还不想同他们相见，只是特来问候王后，表达大明天子对王后殿下的关心。

王后听了亲切的话语，眼泪扑簌而下，忍不住向郑和倾诉起那些令她十分苦恼的事情。

郑和问："您的王子为人怎样？"

"像他的父亲，心地善良，见不得苏门答剌人遭受苦难。"

郑和又问："老王的儿子呢？"

"像他的父亲，永不言弃，认准了一件事就坚持做到底。"

郑和进而问："以王后之见，他们两人谁继承王位更合适呢？"

"我不知道，我不知道……"王后此时的心情的确非常复杂，似乎唯有哭泣才能疏解她内心深处的委屈与矛盾。

郑和也犯了难，相机行事之"机"，究竟在哪里呢？

不想就在这个时候，那个苏干剌趁对手遵大明使者之命罢兵之际，对王宫发动了突然袭击。

苏干剌有其父之坚毅却无其父之智慧。他见郑和进了王宫，便以为大明使者此时去会见王后，一定会对他们母子表示支持，他立刻恼羞成怒，盛怒之下，决定孤注一掷，决心就在这一天把苏门答剌的王冠夺过来。

他兵分两路，倾巢出动。一路由他自己带领袭击王宫，要将大明使者、王后和那个篡夺王位的家伙一网打尽；另一路由他的一个兄弟带领，到海上去抢劫大明船队的财物。

他压根就没想到，在王宫周围的明军虽然只有两千人，却个个都是精锐，在朱真的指挥下，他们以一当百，将他的那些乌合之众砍杀得血肉纷飞，狼狈逃窜。

苏干剌自己举着一把鱼叉，杀入王宫的时候，都不知道自己是怎么被明军踹翻在地、绳捆索绑的。当他被俘，跪在郑和与王后面前的时候，嘴里一个劲儿骂着那个篡位的王子。王后随即止住了哭泣，面如死灰地站在这个儿子面前。只轻轻地说了一句：你辜负了你的父亲。便再也不看苏干剌了。

成了阶下囚的苏干剌，被郑和绑缚着准备送往南京，听候大明天子发落。原国王的儿子没了竞争对手，也就顺理成章当上了新国王。

为了感激大明天子德昭天下，新国王准备了很多贡物送给大明天子，郑和也照例给了王后和新国王很多赏赐，向他们宣示了大明天子"和顺万方，共享太平之福"的旨意。

当大明船队即将起航的时候，王后却在岸边叫住了使团。她声音颤抖着，充满了母性的柔情。她命宫女收拾了老王的一包衣服，亲自为苏干刺挎在肩上，还伸手为苏干刺拭去眼角的泪珠。

郑和从王后的眼神里，感受到了她的悲戚和哀怨，她并没有因为亲生儿子获得王位而感到高兴。看到如此情景，郑和在离开苏门答刺时，心情也是非常沉重，他觉得这回大动干戈虽然事出有因，但是为了解决一个国家内部的纷争，酿成这样的流血事件，总是有些于心不忍。

他一路都在琢磨要给苏门答刺留下一点什么，以抚平留在这里的创伤。

郑和问新国王："苏门答刺气候湿热，想必也会流行瘴疬（zhàng lì）吧？"

这个新国王在位的时候，号召苏门答剌人种了不少榴莲树。

新国王回答："瘴疠乃我国一大魔障，我们一直苦于找不到对付的办法。"

郑和指着路边的榴莲果对新国王说："这种叫都尔乌的果子，我国古代医书中曾有记载，它不但好吃，还能防止和治疗瘴疠，你要让苏门答剌人多种都尔乌，多吃都尔乌。"

新国王感激不尽："难得总兵元帅这么记挂我国人民，给我们传授了抵御瘴疠的好办法。"这个新国王在位的时候，号召苏门答剌人种了不少榴莲树。几百年来，这些榴莲树滋养着苏门答剌人，增强了他们的生命活力。直到今天，岛上的人在吃榴莲果时，都还念念不忘郑和。

重修报恩寺

驾崩榆木川

永乐十八年（1420）十一月，朱棣与朝臣反复议论迁都北京的事。不久，朱棣颁发了迁都诏书。永乐十九年（1421），正式迁都北京。

郑和从西洋带回来的大量宝物充实了宫廷。

朱棣喜欢的一种名叫"甜白"的乳白色瓷器，在原有青花瓷器丰富的色彩上，添加了郑和从波斯带回来的一种珍贵的钴矿——苏麻离青，这种原始矿石含铁极高，在适当的火候烧造下呈现出蓝宝石般的鲜艳色泽，同时又使得原有的釉彩冒出许多微小气泡，发出迷人的光亮，洁素莹然，让人赏心悦目，为新建宫廷的瓷器增加了光彩。

不过，北京皇宫的落成，对朱棣本人来说，似乎流年不顺，他不断遇到一些倒霉的事，先是他的宠妃王贵人去世，而后新落成的奉天殿在一把天火中化为乌有。

坊间有人说北京皇宫的这把火是建文皇帝遣来的天火，是对占据他皇位的这位叔父的报复。当年永乐帝在夺取皇位时，南京皇宫那一把大火烧了几天几夜，这回是"以其人之道还治其人之身"。

他认定这场大火是一次"天谴"，就下了一道罪己诏，对自己的所作所为，进行了一番深刻的反省，并要求群臣直言其过。

朱棣的话音刚落，袁忠彻就站了出来，这位继姚广孝之后，号称能够预测人间祸福的方士说："要说弊政，要说劳民伤财，都莫过于几次西洋取宝之行了。耗费许多有用之财，取回一些无用之物，实属奢华侈靡，暴殄天物，以至天怒人怨。其实，上苍对此已经屡有警戒。去年新皇宫建成之后，存放南京的西洋宝物运送到北京不久，北京六月发生地震，七月出现日食，上苍接连显示这些不祥之兆，很明显都是冲着这些西洋宝物来的。迁都之后，诸多西洋番国又来进宝朝贺。老天爷一怒之下，将其全部化为灰烬，连带三大殿也被付之一炬，实在可叹啊。"

吕震立刻附和，西洋宝玩的到来，果然使玩物丧志之人倍增，奢华侈靡之风大长，动摇了先帝崇尚勤俭朴实的立国之本，遭受天谴，实非偶然。

郑和听了这些话心里很不是滋味，他觉得这些话歪曲了圣上倡导下西洋的旨意，也歪曲了大明船队西洋之行所取得的实际成果，便挺身而出进行反驳："自永乐三年圣上首倡西洋之行，一再明示沟通四海、宾服万邦的主旨，这些年大明船队出使西洋，远及忽鲁谟斯、木骨都束等地，与三十多个国家进行沟通，他们对天朝上国真心臣服，前来朝贡觐见大明天子的络绎不绝。这些都是有目共睹的事实，怎能以取宝概而言之呢？何况彼此沟通有无，也并非应当遭受天谴的事啊。"

郑和这时出面为下西洋辩护，无异于火上浇油。很多朝臣见了郑和，立刻就想起了以西洋贡物抵俸禄的事，尤其是那些因为囤积番香、番药蚀了血本的人，听了郑和这番话更加激起了他们对下西洋的愤恨。大家不约而同，从四面八方围攻下西洋之事。

吕震直指番邦乃蛮夷之人，不通教化，常常出尔反尔，没有必要耗费那么多的钱财，去获得他们一时的宾服。

这些话都够尖酸刻薄的，且矛头已经不是对准郑和，而是直指皇帝了，可谓胆大包天。郑和看了朱棣一眼，朱棣还是一脸随和，并没有动怒。这场大火似乎使朱棣失去了当初的勇气，岁数不饶人，皇帝已经进入老境，这一年他已满六十一岁了，已经进入耳顺之年！

郑和不甘心方兴未艾的下西洋就此作罢，他还有重要的发展计划正在实施，不能就这么说停就停了。他直接找到皇帝，据理力争，并且将柯枝国王刻写的碑文呈了上去。朱棣看后，一脸欣然，对郑和说："朕只讲暂停，并没有说取消下西洋啊，眼下就有一件重要的事情，需要你赶紧下西洋去处理。"

郑和欣然请命："大明船队还在海外，不知是什么事情，需要再去西洋？"

朱棣递过一份来自旧港的密折，原来旧港的施进卿已经去世，宣慰使的位子空缺出来，施进卿的儿子和施进卿的女儿施二姐都在争这个职位，朱棣让他从速去旧港处理。

郑和请示："圣上的意思，谁当宣慰使合适？"

朱棣微微一笑："还是相机行事吧。"

郑和急速回到南京，经过一段时间的准备，又奔波在风起浪涌的海洋中。

朱棣终究是个不甘寂寞的人。经过朝堂大辩论，他消停了一些日子，又惦记着亲征漠北了。然而可悲的是，一国之君晚年的不幸，常常会变成整个国家的不幸。一个精力衰竭的老人，决定事情变得非常武断，而且判断失误的几率也越来越大。当他听鞑靼部落归附的人说，鞑靼首领阿鲁台又要举兵犯边，立刻就要御驾亲征。

永乐二十二年（1424）五月端午那天，朱棣带着全部的辎重到达地处塞外的开平。天上淅淅沥沥下起雨来，士兵的衣服淋得透湿，塞外的冷风一吹，都冻得瑟瑟发抖。朱棣率领明军来到答兰纳木儿河（今蒙古国东部哈拉哈河支流努木儿根河）附近，极目远望，到处都是茫茫荒草，敌人踪影渺无。这里是阿鲁台进退必经之路，但车辙和牛马碾过和踩踏过的痕迹早已埋没了，看来阿鲁台同前几次一样，早已逃之夭夭。

在经过清水源的时候，朱棣命人勒石纪行，感慨万千地说："要让万世以后都知道朕亲征到过这里。"朱棣回顾自己这些年与阿鲁台这个冥顽之徒周旋，竟然如同被他牵住鼻子一般捉弄，几次劳师远征，空耗大量财力物力，都只能无功而返，阿鲁台还是那个阿鲁台。

此时的朱棣冥冥之中渐渐醒悟，作为强者总是想以武力去征服自己的对手，不见得是个好办法，弱者不一定都是用武力能够征服的。

七月中旬，明军疲惫不堪地来到榆木川（今内蒙古海拉尔），朱棣不期病入膏肓，再也起不来了。他在弥留之际，环顾草原上的寂寞和冷清，想起去年在北京城，锡兰国王来贺，占城、古里、忽鲁谟斯、阿丹（在今也门首都亚丁）、祖法儿（在今阿拉伯半岛东南岸阿曼的佐法儿一带）、刺撒

（在今也门亚丁附近的伊萨）、不剌哇（在今索马里布腊瓦）、木骨都束、柯枝、加异勒、溜山、南渤利（在今印度尼西亚苏门答腊岛）、苏门答剌、阿鲁（在今苏门答腊岛日里河流域）、满剌加、失剌思（今伊朗东南部设剌子）、榜葛剌（今孟加拉）、琉球诸国来朝的盛况，这强烈的反差，使他又想起了郑和，想起了由自己发动又由自己命令暂停的下西洋，心里涌出很多话，却已经无法说出来。

"永罢西洋远航"

旧港宣慰使施进卿是永乐十九（1421）去世的。先是他的儿子施济孙捷足先登，继承了父亲的位置，成为旧港的新首领。施进卿的女儿施二姐却根据施进卿的遗言，"本人死，位不传子"，毅然奋起与自己的哥哥争夺宣慰使的位置。

施二姐是个很能干的女人，施济孙斗不过这个巾帼不让须眉的妹妹，便派人到大明王朝寻求支持。但是，还没有等郑和赶到旧港，施二姐已经撵走他的哥哥，取而代之。郑和记住了圣上相机行事的交代，顺水推舟承认了施二姐的合法地位，向她宣读了皇帝的诏书。

施二姐对郑和消灭陈祖义的故事很熟悉，原本有些担心自己这位子能否坐稳，郑和的支持令她喜出望外。她执意留天朝使者在旧港多呆几天，看看她治理旧港的业绩。郑和也不便推辞，只好顺水推舟了。

旧港的风光，对郑和来说并不陌生。热带树林一片葱绿，田土丰腴，稻谷一年三熟，人民生活富裕。郑和赞赏施二姐："看来你很有治国的能力，旧港能有今天的面貌，很不错了。"

施二姐承诺："总兵元帅下次再来，旧港一定还会变一个样子。"

郑和乘了宝船迅疾返国复命，他在告别施二姐时满怀信心地说："我一定还会到旧港来的。"

大洋之上西南风刮得很有劲儿，将所有的桅帆都鼓胀得连一个皱褶都没有，郑和乘坐的宝船就像一支离弦的箭，在不断缩短他与南京的距离。

郑和站在甲板上问朱真："你今年多大岁数了？"

"早已过不惑之年。"

郑和端详着朱真下巴上的胡须和眼角的鱼尾纹："往后下西洋，还能继续带兵吗？"

朱真拍拍自己的胸脯："这身子骨在海上也摔打出来了，只要总兵元帅用得着，属下随时听候召唤。"

郑和展开航海图长卷，身边的人也都凑了过来。他们把这些年经过的重要地方，都画成了一幅幅图画，山、岛、城池……让人看了惊叹不已。再念那些奇奇怪怪的地名，什么"夜丫山""任不知溜"，都不由笑了起来。郑和指着麻林国（在今肯尼亚马林迪）以南那片空白说："有朝一日，总要到那边去闯一闯，看看这海洋究竟有没有尽头。"

郑和乘坐的帅船进了长江口，太阳被厚厚的云层遮住，天上阴沉沉的，眼看就要下雨的样子。王景弘远远发现了郑和的宝船，立即乘了两艘快船迎了过来。王景弘见到郑和，开口的第一句话就是："皇帝驾崩了！"

郑和听闻此言，如同晴天霹雳，在他的头顶上炸响。天，仿佛真的塌下来了。

他许久才缓过神来，注意到所有来的人，都穿了一身白，在为已经逝去的皇帝戴孝。郑和的眼泪，在顷刻间如同拥在闸门前的河水奔涌而出。

东宫太子朱高炽即皇帝位，戴上了皇冠，换上了龙袍，坐上了龙椅。

他登上金銮殿的第一天，就把他父亲关进大牢的那些大臣通通放了出来。夏原吉仍旧成了他所倚重的户部尚书，继续为他掌管钱粮。他的几位老师蹇义、杨溥、杨荣、杨士奇，过去跟着他受了不少委屈。还有拥立太子有功的袁忠彻、金忠等人，现在都该得到回报，新天子毫不含糊地青睐他们，谁能说他优柔寡断！

新皇帝初次主持朝政，还没有完全适应角色的转换，他这个当学生的还是习惯倾听老师的话，一群儒生发出的呼声，成了朝堂的主旋律。夏原吉头一个站出来，上了奏折，请罢宝船下西洋。

朱高炽在东宫长期接受的是朝中儒学集团的教育，饱读儒家经典。从性格来说，也是好静不好动，乃父生前不断接见外国使臣，在他看来是

他许久才缓过神来，注意到所有来的人，都穿了一身白，
在为已经逝去的皇帝戴孝。

件非常痛苦和难受的事。不过，他也知道下西洋是父皇在世时非常热心做的一件事，而今父皇尸骨未寒，自己若是遽然罢了下西洋之事，不免有违人子之礼。他有些左右为难，他先是以父皇生前的"暂停"二字，想敷衍过去，但这些人却偏要从他嘴里掏出"永罢"两个字来，真有些强人所难。

终于，朱高炽听到这些大臣抬出了"祖制"二字，眼前立刻一亮。他给自己找到了台阶，如释重负地松了一口气，坚定地说："既然是维护祖制，那就拟旨，永罢西洋远航！"

夏原吉早就拟好了圣旨，听了这话立刻呈了上去。新天子看罢点了点头。郑和还没来得及赶到北京，永罢西洋远航的圣旨就下达了：下西洋诸番国宝船，悉皆停止。……各处修造下番海船，悉皆停止。

朝堂上的大臣们过去对朱棣重用郑和，且处处维护郑和的做法，心里不服气，现在终于可以肆无忌惮地指责这个他们眼中的"刑余之人"了。然而，苦苦思索之后，他们却发现在三宝太监的身上竟然找不出什么大毛病来。

朱高炽征询大家的意见后，说："郑和乃先帝靖难的功臣，又是一直受重用的人，朕不能慢待，只是不下西洋了，让他去做什么好呢？"

京师移往北京以后，南京皇宫依旧保留，众人给郑和寻觅了一个再恰当不过的差事：担任南京守备，监护南京宫廷一切事宜。

夏原吉极其赞成这个建议，朝廷北迁以后，南京宫廷空虚，急需有个能干的人照料，郑和当是最合适的人选。

朱高炽当即表态："朕总有一天还是要回到南京去的，即命郑和任南京守备，宝船队人员除遣散那些火长、民梢、杂役之外，其他人等也都回南京，仍归郑和指挥调度。"

郑和赶到京师的那天，宝船队和他个人的命运已经决定下来。

朱高炽在御书房召见他，让他立刻感觉到，新皇帝同原来他所见的东宫太子已大不一样了。

朱高炽对撤销宝船队的事，比那道圣旨交代得更明确具体，一点也不含糊："各处修造往来诸番宝船，悉皆停止。但凡买办下番一应物件，并铸造铜钱，买办麝香、生铜等物，除现已买办在官者，即由所管司库交收。还没有起运的，悉皆停止。各处买办诸色苎丝、纱罗、段匹、宝石等项，及一应物料、颜料等，并苏杭等处继续在制造的段匹、烧造的瓷器，悉皆停罢。"

郑和心知下西洋大势已去，无可挽回，一句话也说不出来，只有跪谢龙恩。

琉璃宝塔

朱高炽是个短命的皇帝。他在北京皇宫的龙椅上只坐了九个月的时间，就因为阴阳失调，呜呼哀哉了。接过皇帝宝座的，是太子朱瞻基，即宣德皇帝。

朱瞻基感念祖父，也很了解祖父朱棣生前修建大报恩寺的良苦用心：表面上是要报马皇后的恩，实际是要报自己生母之恩。

朱瞻基即皇帝位后，立刻把修建天禧寺当成一件大事来办，以了却祖父生前夙愿。

朱瞻基遗传了祖父雷厉风行的作风，对大报恩寺修建拖拖拉拉十多年还不见眉目的状况，很不满意。他亲自督责加快修建速度，并限期完工。

也难怪新君不满，大报恩寺的修建的确成了中国历史上都很少见的胡子工程。从永乐十年（1412）动工到最后建成，前后花了十九年的时间，真个是"庙修好了，和尚也老了"。

朱棣刚提出这个设想的时候，由郑和进行过筹划，后来郑和因为忙于下西洋事务，在实际动工后，由太监汪福、工部侍郎张信监工，动用了士兵和匠人十余万人，声势不可谓不大。不得不承认汪福等人监工很不得力，造成了现在这个老牛拉破车的局面。

宣德三年（1428），朱瞻基饬令郑和提督修建，原来下西洋的整个人马都投入进去。

南京聚宝门外大报恩寺的工地上，车水马龙，人如潮涌。王景弘等人簇拥着郑和来到这里，大家对这项工程进展缓慢也都直摇头。

郑和重新展开自己十多年前描绘大报恩寺的设计图，耳旁又响起了先帝要建天下第一佛寺的话语。他若有所思地说："原来施工慢了一些，也不见得是坏事，好多事可以从头做起。"

王景弘凑过来看这幅图，那个有着真腊吴哥窟金塔风格的琉璃宝塔，那些布置在各个宫殿的异域瑰宝，还有准备种植在庭院里的海外各种奇花异木，立刻明白了郑和说这话的意思。他高兴地对郑和说："朝廷罢了远洋航行，我们就将这个报恩寺变成一片海洋。"

郑和会心地向他点了点头。

郑和离开他所热爱的海洋已经四年多了。他觉得这些时日比在海上忙来忙去的十多年，不知漫长了多少倍，令他难以忍受。他习惯了大海的广阔空间，无论在南京的什么地方，都觉得很憋闷。继续发展海外交往和贸易的宏图大愿被突然掐断，在他心里留下了一大片空白，无论做多少事情似乎都无法填补。

今天来到这个建筑工地，看了自己十多年前描绘的大报恩寺，他恍然明白，实际当时他就在构思一个中国与世界联为一体的海洋梦。而今，他见不到广阔无垠的海洋了，他的海洋梦想也只能寄托在这里。他相信今后会有人从大报恩寺得到启示，把他美好的海洋梦想变成美好的现实。若能那样，他也就没有遗憾了。这么一想，大报恩寺方圆九里十三步的范围，也就成了他眼前的一泓海洋，心胸似乎开阔了不少。

回到南京的这几年，郑和忙着整修南京的皇宫，连他自己也没想到，能把西洋那些佛教寺庙和阿拉伯的建筑艺术，融会贯通，自如发挥。现在回过头来审视原来设想的大报恩寺，有不少值得修改和完善的地方，他手下的这些人在西洋多年，接触过各种风格的建筑，眼光也不再局限于一隅。他们对郑和寄托在大报恩寺的海洋梦心领神会，纷纷将他们在西洋这些年观察到的建筑特色，各抒己见，补充到郑和的大报恩寺图稿中来。

朱真一直是领兵打仗的战将，此时也俨然成了建筑行家。他在古里、柯枝等地的佛寺中见到过阿育王时代的石柱，便提议说："大报恩寺的前身就是阿育王塔，一定要有阿育王喜欢的狮头石柱，它不但宏伟威严，还可以流传万世。"

王景弘对真腊的吴哥窟情有独钟，他说："吴哥窟的金塔富丽堂皇，世人称之为'富贵真腊'，我们的九重琉璃塔也要用黄金来堆砌。"

洪保几下西洋，独自带着小船队跑了不少国家，见过各个不同国家的海舶。他建议："琉璃塔的浮雕要刻画出各种各样的海舶，从麻林的独木舟到爪哇的木筏，从波斯商人的大肚子船到真腊的尖头船，从溜山国的缆索船到暹罗的铁钉船……"他一口气数出了不少，还画出了这些船的模样。

马欢对锡兰山佛寺中的浮雕印象很深，他说："佛门并非一概拒绝人间烟火，大报恩寺里的浮雕也不要把世俗人情都屏除在佛门之外。"

有人提出大报恩寺里要有一片树林放养西洋珍禽异兽；有人建议南京能否种榴莲树，让万邦人物到了这里都流连忘返。郑和懂得他们这些话的内涵，他们每个人的心里，也都存着一个海洋梦。

建筑是人类在地球上留下的最永久的印记，建筑艺术也是人类艺术中永恒的艺术。中国的万里长城、古埃及的金字塔、古希腊的竞技场，至今还在放出夺目的光彩。巴比伦的空中花园、奥林匹亚的宙斯神像、法罗斯岛上的灯塔，虽然后来都不幸被毁了，却在人类历史上留下了永恒的记忆。

在郑和这个时代，除了在中国的北方见过长城以外，别的那些世界伟大建筑大概连名字都不知道。但他决心要把大报恩寺建成天下第一寺，把九重琉璃塔建成天下第一塔。中华上邦要让万邦宾服，这座寺庙也得让万邦景仰。他运用造宝船的办法，先请众多能工巧匠中的高手，将大报恩寺的整个建筑群做出模型，将大家的心血和智慧都倾注到这个模型里。

模型出来了，大家看了都觉得有了天下第一的气派。郑和立即从全国各地征调众多本领高超的匠人，按模型施工。宝船队的两万多名将士，这时又成了建造南京大报恩寺的主力军。这些人远洋航海是能手，现在搞建筑也很快进入了角色。大报恩寺方圆九里十三步，似乎又成了一只展翅腾空的"骄燕"，郑和仿佛又回到了他的帅船上。

三年多的时间，郑和舍不得让任何一寸光阴从自己的身边溜走，大报恩寺的建筑一天一个样，九重琉璃塔一天天在往上长。南京人惊奇地发现，一个充满异国情调的寺庙，一座耸入云端在太阳照耀下闪闪发光的琉璃塔，兀然屹立在他们的面前。南京人没有忘记，那个下西洋的三宝太监，前些年曾经不断用新奇事情刷新他们的耳目，创造万人空巷的轰动，想不到，他今天又用这天下奇观，惹得人们扶老携幼，来来回回往中华门外跑。

南京人从大报恩寺的正门蜂拥而进，只见绿草如茵的广阔空间里，种植着从未见过的奇花异木，树林里活跃着那些来自异国他乡的飞禽走兽，人们直呼仿佛也来到西洋番国了。

最让人惊叹的是那座琉璃塔，位于整个寺庙的中心，被二十多座殿阁，还有众多的经房、画廊环绕，拔地撑天，格外引人注目。这座五色琉璃塔高达三十余丈，九层八面，全部用白石和五色琉璃砖砌就。每层拱门上都有飞天、飞羊、狮子、蛇和象的雕塑，墙壁上有各种造型的浮雕，在人们面前展现出一个大千世界。塔身外边的墙壁上有佛像上万尊，每一尊佛像的衣褶，眉眼神情，都刻画得一丝不苟。

塔顶有个承露盘，由四千五百斤生铁铸成，外边镀了一寸厚的黄金，盘里放着夜明珠、避水珠、

这座五色琉璃塔高达三十余丈，九层八面，全部用白石和
五色琉璃砖砌就。

避火珠、避风珠，以及黄金四千两，白银一千两，永乐钱一千串，还有地藏经、阿弥陀佛经、释加佛经、接引佛经各一部及其他供奉的物件。

每层塔的八个角都挂着风铃，总共一百五十多个，只需微风轻拂，便丁零有声，十分悦耳动听。塔顶和每层塔的中间，还有一百四十六盏长明灯，到了晚上十里之外都可以瞧见，正所谓"上照三十三天，中照人间善恶，永除天灾"。

大报恩寺建好后，郑和同自己多年的挚友王景弘在琉璃塔前驻足流连。

王景弘默默地在心中祷告：总兵大人，您应该放心了，即使您今生没有机会再去西洋，后来的人受了这个海洋梦的启发，也会去圆这个海洋梦的。

大报恩寺也惊动了海外各国，络绎不绝地有使者来此顶礼膜拜。他们都赞叹说："真个是天下第一塔。"

可惜的是，不到两百年，塔心木腐朽，塔顶倾斜，虽然有僧人洪恩募捐白银数千两，使塔得以重修，但却失去了它最初的光彩。咸丰四年（1854），大报恩寺塔毁于太平天国战争。清代康熙帝修建圆明园时，曾经在园内仿造过一座琉璃塔，不幸也被英法联军的一把火烧掉了，使得我们今人无法领略它的风采，只能从后人的复原图中想象它的雄姿了。

郑和作为战争的受害者，打心眼里不喜欢战争，总想化干戈为玉帛。没想到他留给后人的这个海洋梦，也逃脱不了战争的厄运。

在浩瀚中永生

再出西洋

宣德五年（1430），郑和迎来了自己六十岁的生日。皇帝感念郑和多年来六下西洋的功劳，更是为了新落成的大报恩寺，特遣北京宫中的内臣，千里迢迢赶到南京，为郑和贺寿。这也是表示对先祖时期老臣的尊重。

郑和在寿宴上并没有众人企盼的喜悦，他望着不远处摇曳的烛光，感受更多的是一种悲哀。一个已经年届花甲的老人，在浩瀚无垠的大海上，打熬了半辈子的筋骨，虽然歇下来几年，但身体早已大不如前。作为他心中最重要的，也是唯一的西洋梦，现在看来，只能是一场难以实现的梦。他不愿辜负王景弘和手下那些同生共死的战友，在觥筹交错的酒宴上强作欢颜。

从北京来的宫廷内臣，在酒席上悄悄对郑和说："万岁爷眼看这几年番国的贡使日渐稀少，午门前再也不见四方来朝的景象，心里暗暗着急，在朝堂之上经常发怒，将那个礼部尚书吕震时常批得狗血淋头。"

郑和心中一沉，万没想到自己近二十年开创的海外诸国往来不断的局面，短短几年的光景便烟消云散了。郑和心里清楚，这不只是礼部的事情，责备吕震没有用。

六年了，再没有那熟悉的身影，镇定自若地指挥大明船队往来于海上；再没有满载货物的航船在海洋中自由地穿梭。建立在满剌加的大明货栈官仓，也因为西洋各国不再认可大明宝钞，而改为以物易物的原始交易，曾经繁华的货栈官仓，已经凋敝不堪。更有继陈祖义之后的海盗头目，渐渐地肆无忌惮地出现在原本平静的大海上。

此前的宣德三年（1428）阳春三月，朱瞻基和身边的大臣，泛舟太液池。一时兴起的皇帝，竟大发感慨，治天下就好比行舟，越是大江大海越是有利可图。这样的认知，来自近年来各国来使一年比一年减少，朝贡贸易也随之出现衰落的现状；尤其是去年征伐安南失手，让他明显感到大明王朝在番国中的威望每况愈下。

他无法面对这样的现实，更怕自己死后无颜去见自己的祖父，终于忍无可忍，拍案而起，决心重振大明声威，再造万国来朝的局面。

朱瞻基从朱棣那里继承了拓展四方的精神。还没等郑和上书进言下西洋，他先下了一份诏书，在诏书中重申了乃祖永乐皇帝生前力主下西洋的用意。

这是一份迟到的圣旨。

时隔六年，所有下西洋的一切装备、物件、人事，都已经废弃，要重新启动谈何容易。特别是海船，已经废弃的，改造成内河船的，很多都不能用了。且随着大运河漕运的发达，内河船舶需求的增加，此时连海船都已经停造。

朱瞻基大概也体察到了其中的难处，专门下了一道饬令，要求一应钱粮并番国头目的赏赐，随船需要的军火器、油、烛、柴、炭，以及内官使臣们所需物资，都要照数放支，不许延缓，这可以算是格外开恩了。

整个船队像一部上满发条的机器，所有人都打起一百二十分的精神。然而，郑和已经老了，他预感到自己来日无多，这次出使西洋，恐怕将是他的谢幕演出。郑和太想让世人了解他屡下西洋的苦衷，让所有后人懂得利用海洋，走向海外的重要性。他一生漂泊海上，进而领悟出一个放之四海而皆准的道理："一个国家不敢大步踏着海浪走出去，总是设法把海边当成封堵别国，也封堵自己的篱笆墙，会有多么大的危险。"

南京天妃宫，位于南京城北的狮子山下，左依仪凤门，右邻静海寺。天妃宫里，人声鼎沸，香烟缭绕。郑和仰观天妃娘娘神像，回忆自己由此开洋远航的情景。天妃宫外的河面上，下西洋的船队排列整齐，云帆高挂。郑和率领正副使臣和明军将士及所有民梢人等在这里祭拜天妃，举行隆重的立碑仪式。

勒石记事，直抒胸臆，就在浏河口的天妃宫行香，并且立一块碑，将天妃娘娘几次护佑大明船队下西洋的事一一镌刻，要让下西洋的梦想一代一代传递下去。

这里传递的并非是郑和的名字，而是一个国家的使命。

郑和苦心孤诣，给这块碑定了一个耐人寻味的名字，称为"娄东刘家港天妃宫石刻通番事迹碑"，让细心的人能够体会到，这块碑既是祭祀天妃的，也是纪念大明船队下西洋这一壮举的。

郑和名正言顺地在碑文中详细开列了历次下西洋的时间，所经历的国家，所遇到的大事，连这一次"仍往诸番开诏，舟师泊于寺下"，也一一记载下来。然后借着颂扬天妃的功绩，将几次下西洋所经历的艰辛，全体人员的奋斗精神，洋洋洒洒写了一篇大文章。

当船队刚刚驶出刘家港，北京宫里就下了一道圣旨来，宣德皇帝给临行前的郑和加了一项紧迫的任务：在下西洋途中调解暹罗与满刺加新起的争端。

满剌加的新国王巫宝赤纳，一直感念大明皇帝在满剌加的功德，前往大明觐见，在途中遭到暹罗国王的阻拦。虽然巫宝赤纳设法逃到北京，但是暹罗国王见大明今已罢航，知道就算灭了满剌加，大明也难处理。这种情势，始终让巫宝赤纳颤栗不安。

朱瞻基看到西洋形势如此严峻，派人将满剌加国王送过来，要郑和护送他回去，同暹罗国王面对面地解决纠纷，以维护西洋的和平安宁。

当北京皇宫的内侍向郑和讲述完此事，郑和无奈地摇头，对身边的王景弘长叹说："刘家港那篇碑文论述不足啊！"

王景弘早已心有灵犀，正使大人一定是从暹罗和满剌加国王的事情中得到了启示，又有了新的灵感。

郑和点头称是，起草那篇碑文的时候，都是从反面说明断绝与世界往来的教训，不好在碑文中明言，有些含糊其词。现在我们可以从正面来阐释这个道理：唯有沟通海外，和顺万邦，中土方能长治久安。

王景弘上前轻声道："那就再立一块碑。"

郑和再次一挥而就，写了名为《长乐南山寺天妃之神灵应记》的碑文，着重阐述了走向海洋深远的意义，并将这块碑嵌进长乐天妃宫的墙壁里，期望他们的亲身经历和从中悟出的道理，能够永昭来世。

在这块碑上，郑重刻上了郑和、王景弘，以及跟随他们下西洋的一批中国航海家的名字，他们中有李兴、朱良、周满、洪保、杨真、张达、吴忠，还有明军将领朱真、王衡等人。

他们都是中国走向海洋，走向世界的先驱！

西洋·夕阳

宣德六年（1432）冬天，东北季风将郑和船队的风帆鼓满。令郑和兴奋的是，这次远航西洋的阵容最是整齐，历次跟随他出使西洋的使臣、明军将领，全都跟来了。通事马欢、医官匡愚也带着他们写的书上了宝船，所有人都撺掇总兵元帅，这次一定要多走一些国家，走得更远一些，好让他们书里的世界变得更大更广。

郑和已经老了，他不再是那横戈跃马的少年，也不再是叱咤风云的总兵元帅，更不是那任凭风吹浪打若等闲的三宝太监。

郑和，病倒了。

匡愚眉头紧锁地对王景弘说："总兵元帅心里装的事太多，这病治起来太难了，医生治得了身病，治不了心病啊。"

船队簇拥着郑和的帅船，途经锡兰山，再经柯枝、古里，然后一直向西，横跨印度洋的北部，直往阿丹和天方（在今阿拉伯地区）。所幸这一个月的航程，风和浪静，走船平稳，天气也凉爽了不少。

当大明船队从印度洋进入红海后，阿丹国便渐渐浮现在眼前。这里是一片坦荡的平原，处处都能沐浴湿润的海风。

王景弘这回很坚决地做出了决定，由洪保、马欢等人，率领一部分人去天方国，他自己则留在阿丹陪伴郑和稍事休息，使之能继续后面的航程。

郑和不能不服从这个决定。

稍事休养的郑和拖着沉重的病体，在夕阳的余晖中从阿丹再次起航。

他继续往南走向神奇的非洲，去访问木骨都束、不刺哇、竹步（今索马里南部朱巴河口的准博）和麻林那些国家。有人曾经劝他返航，但郑和拒绝了，他要看一看自己的生命尽头，还能够走多远。

郑和将阴阳官林贵和找来，商量抓紧时间继续修改和完善所有的航海图。林贵和却不敢再让郑和耗费体力，他不无担心地劝说："总兵元帅，这件事不着急，您的身体不能再劳累了。"

郑和摇头："这是现在最紧急的事情了，不把它做好，我连觉都睡不着。"

他最终的信念告诉他，要把最后的时间留给航海图，以及所有的航海资料。

也许大明的后继者们，有朝一日继续扬帆起航，走向更远的彼岸。这幅航海图、这些航海资料，能够伴随在这些后继者身边，为他们指点航向和航程。这不正是自己生命的延续吗？这不也是跟着后继者一起去继续圆他的海洋梦吗？

林贵和指着航海图说："现在的图上有了将近五百个地名，国内从南京出发沿江、沿海近两百个，国外近三百个，这次在南京全都核校和重新画了一遍。"

郑和从床上翻身而起，俯下身去，从头到尾翻了一遍地板上的航海图，突然转身对林贵和说："我看这幅海图还不全。从南京下关到海南，比较详尽，对沿岸的州县卫所、岛屿沙滩的绘制，基本是正确的。但是从暹罗湾、爪哇、满剌加这一带看，地形过于复杂，岛屿星罗棋布，我们到过的地方便有标记，我们没到过的，怕是难以绘制。"

"依我看再画几幅牵星过洋图，把每条海路的航程都标出来，这幅航海图便全了。"郑和拍手说。

所谓"牵星过洋"，就是采用观测太阳以及星辰高度的定位方法。阴阳官使用牵星板测量所在地的星辰高度，然后计算出该处的地理纬度，以此测定船只的具体航向。这牵星板的原理相当于今天的六分仪。牵星板由十二片乌木做成，从小到大排列，大的七寸，标为"一指""二指"直至"十二指"，每指均有等分的刻度。观察者一手持板，手臂向前伸直，另一手持住绳端置于眼前。此时，眼看方板上下边缘，将下边缘与水平线取平，上边缘与被测的星体重合，然后根据所用之板属于几指，便得出星辰高度的指数。经常能够测量的只有特征鲜明、亮度较强的几个星座。

林贵和感慨万千，得此航海全图已是极其不易，若再加上三四份"牵星过洋图"，那岂不是难上加难。

郑和点头称是，这是过去从来还没有人做过的事情，万事都是开头难。想着星图需晨昏时刻方能测定，此时天气晴好便能见到清晰的海天一线，每日测绘最多只有一刻时间，着实不易。但是这可是造福后人的大事，一定要做。

他们说得正热闹，王景弘轻轻地推门探身进来，见了这个场面，当即劝慰郑和，多加休息，不可如此操劳。

郑和笑道："是你当年把他请来，而今这幅航海图弄不好，我心里就不踏实，睡觉也不会安稳的。"

郑和一路上拖着赢弱的身体，一边潜心修改完善航海图，一边顺着木骨都束、不剌哇、竹步、麻林这些国家，向那些国王宣示大明新天子的诏书，不厌其烦地劝他们相互敦睦，与大明永远修好。

当船队来到一个叫慢八撒（在今肯尼亚蒙巴萨港）的地方，水流突然变急，浪涛也更加汹涌。当冲天的巨浪反复摇曳宝船的时候，从不晕船的郑和也忍不住翻江倒海般吐了起来，脸色霎时变得惨白。

大家都说不能再往前走了，劝他就此返航。郑和勉强支撑着病体来到甲板上，眼望前方高山耸立般的海涛，一个追逐一个，直奔向遥远的天际。右边的海岸危岩壁立，上面是密密匝匝的森林，不见云天。

郑和无可奈何地摇首自叹："就到此为止吧！"他对林贵和说："在我们的航海图中加上慢八撒。"

这，的确是一个历史的遗憾，中国人其实只差了那么一步，就能绕过好望角，成就一次伟大的历史性航行。这个荣誉，在五十多年后，归了欧洲的葡萄牙人。

这片陌生的海域，像有意要向郑和示威似的，在返航的时候，风浪变得更凶猛。天黑以后，一艘战船在一个河口附近，不慎陷入湍急河水与海水撞击所形成的洄流里，久久无法摆脱出来。那时联络的信号灯太微弱，他们敲锣和呼喊的声音也被风浪的怒吼所掩盖，眼看前面的船只愈走愈远，将他们留在一片黑暗的包围中。水手想借助天上微弱的星光辨明方向正要往前去追赶船队，不想误撞暗礁，哗啦一声巨响，这艘战船顿时从中间裂成两半，三百多人全都落进水里，顿时被巨浪吞没。

大明"骄燕"被巨浪折断了翱翔的翅膀。病中的郑和，精神和肉体都已经变得无比的脆弱，损失一船人的沉重打击，彻底摧毁了他的生命防线。这个坏消息传来，他顿时眼前一片漆黑。他在昏迷中不停地哭着喊着赶紧去救船救人，虽然声音微弱，却是痛彻肺腑。所有守在他身旁的人，无不跟着落泪，为那些消失在海上的伙伴，也为他们的总兵元帅郑和。

从此，郑和茶饭不思，泪很快流干了，每天勉强咽几口米汁，吊着他那一条垂危的生命。

王景弘问匡愚："能否用上等的西洋番药补一补？支撑着回到家里，也许就好了。"

匡愚含着眼泪直摇头："已经油尽灯干，用补药反而有害无益。"

郑和的身体每况愈下，王景弘命令急速返航，船队从波斯湾出来，朝着东南方向，直奔古里和柯枝，沿着原来的航线返回。郑和在病中也不停地念叨这些年与他同舟共济的弟兄，挣扎着想见他们。王景弘左右为难，只得同几位将领商量，各船都推出几个人来，轮着到帅船上看一看。

所有的水手，每天都在给天妃娘娘烧香磕头。他们许了一个愿，只要总兵元帅身体能够康复，南京、太仓和长乐的天妃庙，他们都要重塑天妃娘娘的金身，就是倾家荡产也在所不惜。

郑和的病还是一日比一日沉重，他时常处于昏迷状态，死神的阴影已经在他身上徘徊。王景弘眼看他连帅船在海浪中的摇晃都无法承受，急命在古里停船。古里国王得知消息，特地派来王宫的巫医上船给大明总兵元帅看病，还请高僧做法事，为他消灾祈福。

洪保也从天方和麦地那赶了过来，得知郑和病重的消息，立刻捧出从麦地那渗渗泉带来的圣水，期望圣水能挽救郑和的生命。洪保捧着圣水来到病床前，大声唤醒昏迷中的郑和："这是先知穆罕默德赐的圣水，喝下去您就会康复的。"

郑和努力睁开眼睛看了看盛圣水的净瓶，艰难地说："圣水不也是息水吗？留着制服海上的风浪吧，可别让弟兄们再被大海吞噬了。"

众人潸然泪下。

郑和轻轻地摇了摇头："来让我看看你们画的天堂图吧。"

洪保和马欢强忍着泪水，两人将那幅天堂礼拜寺图打开来展示在总兵元帅的面前。郑和勉强抬起头来，看到了祖父、父亲和几位阿訇都向他描述过的天堂寺。那些天堂之门，那些白玉石的柱子，那两只守卫天堂大殿的黑色狮子，还有那高大的殿堂，那在皂苎丝笼罩中隐去真形的真主。

他嘴角露出一丝微笑，眼睛无力地合上。

这是宣德八年（1443）四月，正是古里的雨季，阴霾漫天，大雨滂沱，整个海面上雨雾蒙蒙，什么也看不见。大明船队的人脸上也都布满了阴云，人们进退两难。有的人主张趁早开船往回赶，不将总兵元帅活着送回去，对皇上不好交代；有的人主张至少将船开到满剌加，大家约定在那里会合，郑和在昏迷中常常呼唤那些分散到一些岛国去访问的人们，肯定是想同他们见上一面。

王景弘默默地说："他在海洋中颠簸了几十年，还是让他在这里享受几天宁静吧。"

四月初九，突然雨住天晴，先是一缕阳光冲破云层照射到帅船上，接着密部的阴云渐渐散开，天也蓝了，海也蓝了，整个海面上阳光灿烂。郑和的精气神儿，也突然跟随着天气有了明显的好转，他自己坐了起来斜靠在枕头上，原本惨白的脸也泛出了红晕。他让人将王景弘等人请到自己的床边，指着已经整理好并且堆放整齐的航海图说："这幅航海图。请你们带回去交给朝廷，好多人都说我们下西洋是取宝来的，这话也不错，不过我们这些年取得的真正宝物不是那些珍珠、宝石、龙涎香，而是这幅航海图。"

郑和颤抖的双唇，似乎还要倾吐肺腑之言，但气力已经不再允许他多说。王景弘轻轻凑到总兵元帅的唇边，悉心聆听。

最后从郑和口中进出来却是石破天惊的一句话："请告诉朝廷，财富取之于海，危险亦来自海上……"大家听了一惊，都睁眼看着他，想听他还要说什么话。郑和的两只手却忽地滑落下来，呼吸停止了，心脏也停止了跳动。

尾声

1498年5月20日，一支由一百七十名水手、四艘船只组成的船队来到了古里。古里人始终没有在意这个远道而来的船队，以及这支船队的率领者——达·伽马。在古里人看来他们与六十年多前的大明船队不能相提并论，他们夸张的举止，让古里人难以接受。

然而，令古里人意想不到的是，这些葡萄牙人登陆后的第一件事，便开始四处寻找所谓的宝贝。金银自不必说，那些葡萄牙人从未见过的丝绸、味道异常的香料让达·伽马和他的水手们欣喜若狂。因为他们这次奉葡萄牙国王曼努埃尔之命探索通往印度的航程，就是为了寻找传说中只有天堂才会出产的香料。这些葡萄牙人如获至宝地捧着香料，认为自己这次发了大财。

达·伽马得意非常，他立即便在这里竖立了一根标柱，用他自己的话说，一根象征着葡萄牙主权的标柱。

这是什么逻辑？在别人的领土上竖立属于自己主权的标注。古里人对这根看不懂的柱子付之一笑。

古里人怎么也没有想到，这个留着大胡子，操着一口莫名其妙语言的人，四年后再次登上这片土地的时候，以烧杀抢掠为手段大肆掠夺他们认为无比珍贵的香料、丝绸、宝石。

达·伽马带着第二次航行掠夺而来的东方珍品回到里斯本，其所得纯利竟超过航行总费用的六十倍以上。

其实也不用奇怪，达·伽马在他的这次航行所到之处无不用此手段，或是强取，或是豪夺带回了大量的珍宝，并到处用他的标柱，树立他所谓的主权。这，就是西方殖民者的逻辑。随之而来的，便是历史上大航海时代的到来。

然而，这位挂着冒险家头衔的殖民者永远也不会知道，早在六十多年前，有一个叫郑和的人，率领着大明帝国的庞大舰队来到过这里，并树立了一座丰碑。

一座代表和平与友好的丰碑。

郑和

生平简表

●◎**明太祖洪武四年**（1371）

出生于云南昆阳州（今云南晋宁）宝山乡和代村，取名马和。

●◎**洪武十四年**（1381）

明军征云南，父亲马哈只去世。被掳入明营，遭阉割。

●◎**洪武十八年**（1385）

随军被调入燕王府邸服役。

●◎明成祖永乐二年（1404）

因战功显赫，成祖赐姓郑，从此改称郑和，并擢拔为内官监太监。

●◎永乐三年（1405）

六月十五日（7月11日），奉命同王景弘率两万七千八百余人第一次下西洋，首次到达占城，遍历诸国。于永乐五年（1407）九月回国，诸国使者随同朝见，献俘虏旧港酋长陈祖义。

●◎永乐五年（1407）

九月，与王景弘、侯显等率船队第二次下西洋，此次主要访问了占城、爪哇、暹罗、浡泥、加异勒、锡兰、柯枝、古里等国，向锡兰山佛寺布施。于永乐七年（1409）夏末回国。

●◎永乐七年（1409）

九月，同王景弘、费信等人率船队第三次下西洋。到达越南、马来西亚、印度等地，于永乐九年（1411）回国。

●◎永乐十一年（1413）

十一月，第四次下西洋。船队绕过阿拉伯半岛，首次航行至东非麻林，于永乐十三年（1415）七月回国。

●◎永乐十四年（1416）

秋冬间，第五次下西洋。最远到达东非木骨都束、不剌哇、麻林等国。于永乐十七年（1419）七月回国。

●◎永乐十九年（1421）

正月，第六次下西洋。前往榜葛剌，途中遭遇大风，船只差点被掀翻，中道返回，于永乐二十年（1422）八月回国。

●◎明仁宗洪熙元年（1425）

二月，被命为南京守备。

●◎明宣宗宣德五年（1430）

闰十二月，同王景弘等率船队第七次下西洋。

●◎宣德八年（1433）

四月，在印度西海岸古里病逝。

七月，王景弘率船队回国，宣宗赐葬南京牛首山南麓。